作。唯圖駭目易售。添足畫蛇。弄巧成拙。坐致不效。乃當事者。不鏡其故。反咎銃為不便。不利。甘棄以資敵。我則寧受其害。曆曆夢境。而不自覺。臣創為此說。恭進茲器。不知臣者。非疑臣為干進。則薄臣為喜事。然臣之心。不得已者有四。臣隱憂

明時。師老財詘。將吏未見戮力。南北不肯同仇。禍結兵連。靡所底止。深信神器之利。用之有方。足以挫賊先鋒。則息肩有望。除之有

素。堪稱不餉之兵。則勞費可節。庶幾不靣不虞。中外民力少甦。故亟亟盡芹曝之忱者二也。兵部令京營具樣。轉咨工部京營雖訪之於臣。萬一製造。打放而不如法。使在廷之臣。反得議臣之後。誚臣虛誑。則臣區區狗馬一念。終不白於天下矣。不得不

預鳴於

皇上之前者三也。思麻犒帶神器。度雪嶺涉洹河。逾崑崙重譯獻獅以備職貢。寒暑八更。

始達都下
皇祖官思麻而不發。未必非
天心默相。以遺
陛下為制服倭奴之具。使
陛下令日。神武布昭於夷夏者也。迄今四十餘
年。〻已七十有四。都中人士。罕有一問之
者。臣既廉知其器。若不奏明於
皇上之前。其式不得推廣。其技罔敵演習。必致
湮沒。甚屬可惜。我

中國雖以德勝。不嗜殺人。有事征討。必期果於
殺。斯足以止其殺。既宜以殺止殺。又安得
不用此。以收全勝之功哉。故臣不得不喋
喋者。三也。攻戰之具。原非臣下私家可蓄
之物。既以為
國而製。當即明之於
朝。若緣人微言輕之故。相機遘會。爰決進止。是
務作用以覲諧俗。挾權謀以赴功名者流。
臣甚恥之。不得不仰瀆

宸嚴者四也臣以遲暮之年資與時左且術疎
趨附孤蹤憒援自知明甚然猶殫竭心力
甘受非笑不畏危機哆口言兵身可死而
心不肯灰將以媿天下之為人臣營營身
謀泄泄
國事者耳臣實無他希冀也神器制用臣數
年之前即與戚繼光舊日材官林芳聲呂
慨楊鑑陳錄高風葉子高革朝夕講究近
復證之恩麻陳寅利鈍洞然方敢成造

恭進尤非臣一己逞臆杜撰者干冒
天威不勝戰慄悚息之至為此具本親齎奏
聞
萬曆二十六年五月初二日
上初四日奉
聖旨圖器着進覽這所奏該部看了來說

陣。萬曆二十四年。遊擊將軍陳寅到京。示臣西洋番鳥銃。較倭鳥銃稍長。其機撥之則落。彈出自起。用藥一錢。鉛彈八分。其制輕便。但比舊鳥銃只遠五六十步。又思臣祖大理寺寺副。先臣趙性魯在日。倭奴初犯浙直。尚無鳥銃。六七年後。方有茲器。臣祖語臣曰。我聞

先朝土魯番。吞并屬番哈密。

中國置經畧大臣。徵兵數萬。分道出援。緣土魯番備得嚕蜜神器。

天兵不能救。竟為所并。嚕蜜密迩水西洋。豈此器從彼中傳至西洋。西洋傳至倭中耶。

臣懷之三十餘年。去歲與武舉把臣。把仲弟兄較躲。方知其父把部力。從嚕蜜進貢獅子進京。

皇祖留之。不遣。臣問及鳥銃。臣。仲云。義伯朶思麻。即本國管理神器官。一訪可知。臣即同部力詣思麻家。思麻欣然出其本國帶来

神器譜敘

夫用兵之術。雷動風舉。後發而先至。
離合鄉背。變化無常。以輕疾制敵者
也。漢志權謀十三家。二百五十九篇。技
巧十三家。百九十九篇。蓋形勢包陰
陽。習手足。便器械。積機關。以立攻守
之勝。種分迥別。莫不備載。獨無火攻一

篇。漢唐名將用火攻勝者甚夥也。代火
器。則愈多而愈無實用矣。惟少保戚公
繼光新書。著論甚悉。以鳥銃為最善。
今北邊絕不服習。視此若贅疣。往余
友趙常吉數上書策倭。又極言用兵
之害。深謀遠慮。出自胸懷。所製神器
輕疾遠過倭銃。繪圖若說。悉臻妙

理。可謂良工苦心矣。嗟。余世蒙
國恩。濫竽偷禄。少壯殫精竭智。輸絓
明時。以報君父。常吉持橐簪筆。無疆
場之寄。三軍之任。乃受國恩。感義奮
激。斯神人之所歆羨。觀聽之以
煒曄者也。常吉出成。并以製法焉。
敘之

嘗守。或人識其為將名。余曰不然。昔趙
營平振旅還。客說其歸功兩將軍。
營平曰。吾年老矣。豈嫌伐一時事以
欺明主哉。兵勢國之大事。當為後法。
老臣不以餘命。壹為陛下明言兵之
利害。卒死誰當復言之者。余讀其傳。
未嘗不泫然。歎忠而謀國之遠如此。

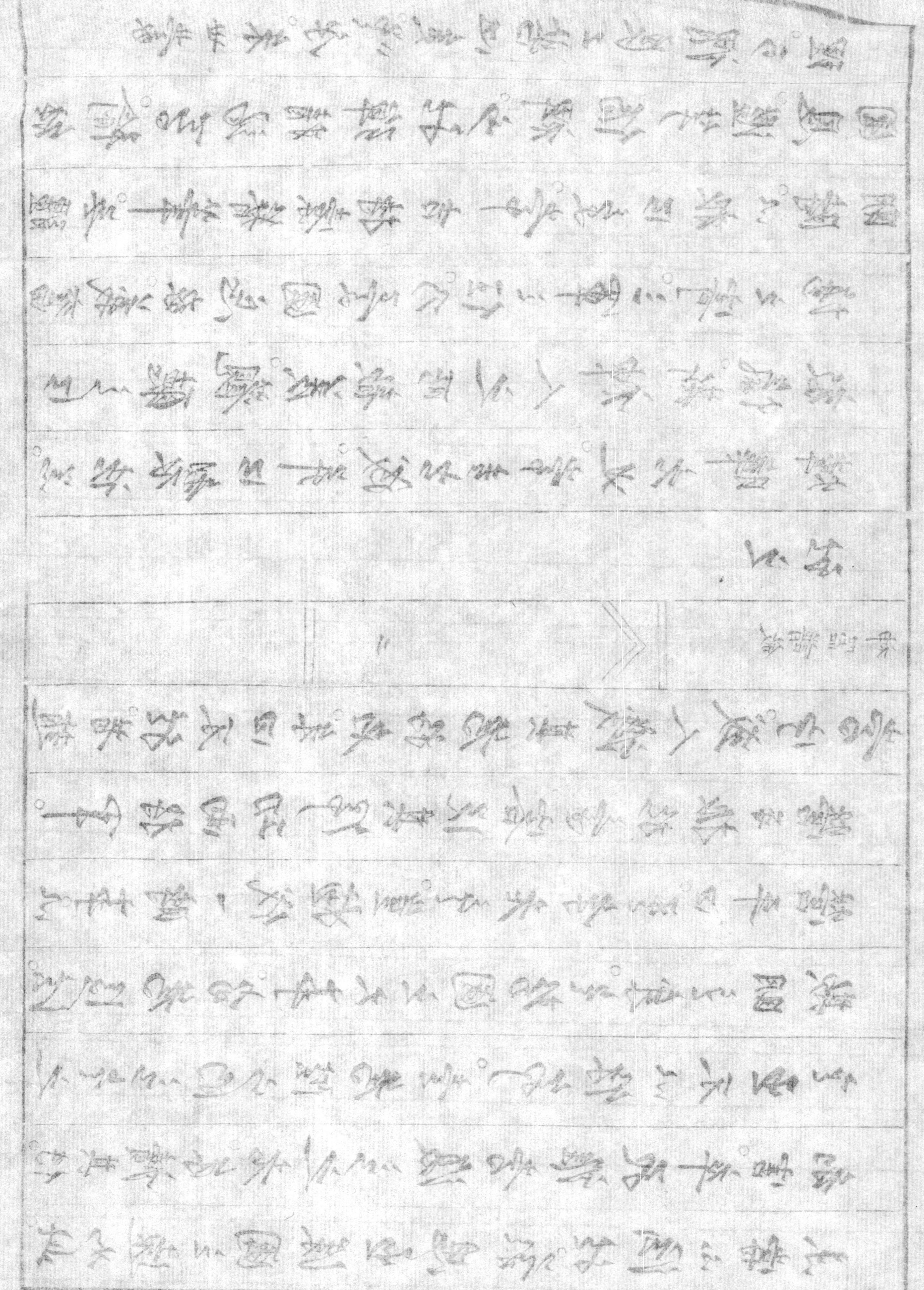

夫報德以德。報怨以直。今天下不幸
有事。賢者曰以戮力奮謀直道。如是
令島寇之滅。強國不犯之術也。若此
以越俎為嫌。容容後福。此人臣不忠之
利。國家何賴乎。余敢重嘉常吉之志。盈
題數語。且以識余之深愧云
萬曆戊戌夏四月
京城巡捕左參將汝南王延世書

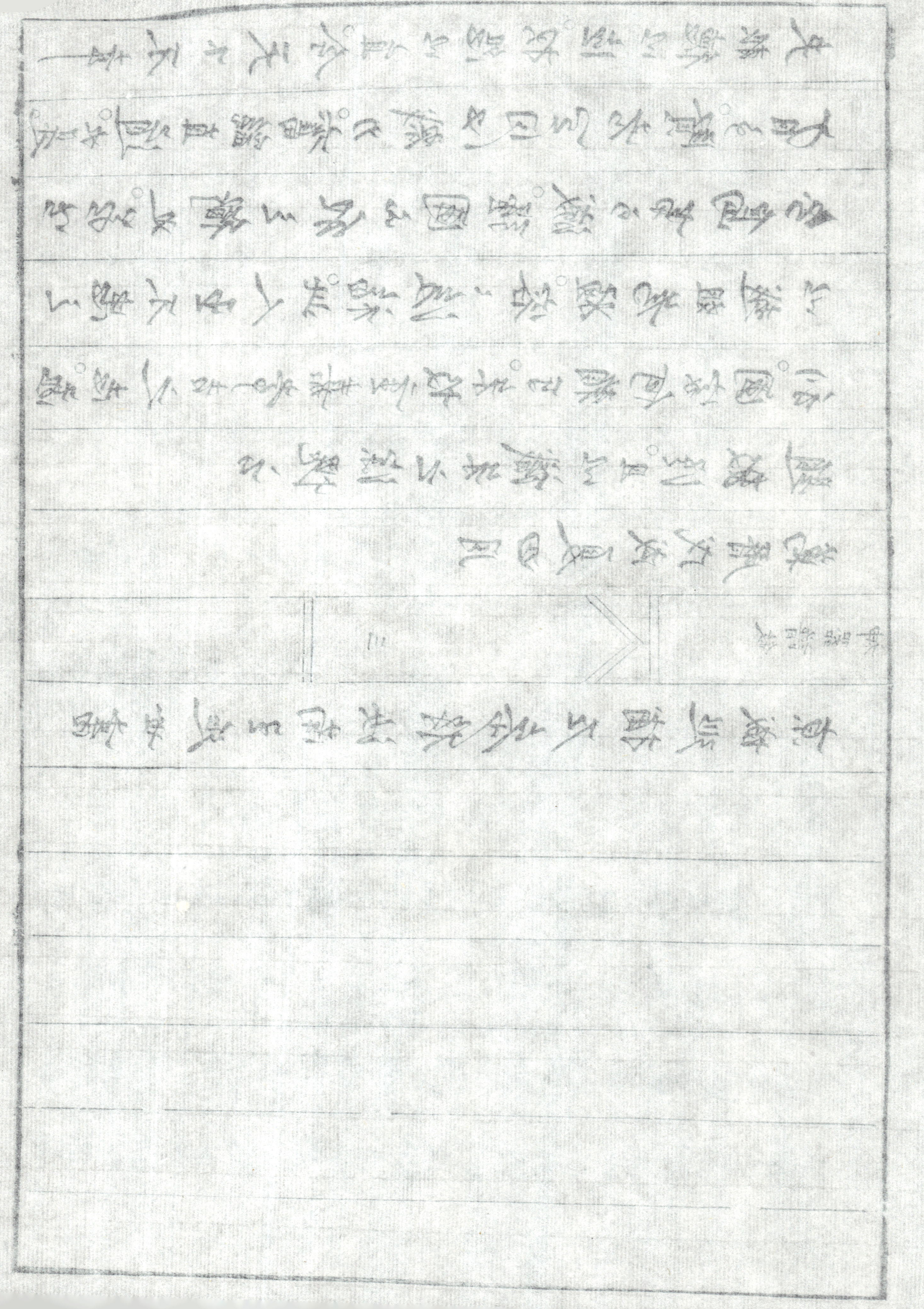

神器譜

卷

進神器疏

文華殿中書臣趙士楨謹

奏為恭進制勝利器。以振

國威。以彰

天討事。臣歷稽載籍。五兵條烈。無如欝攸。然其

用法。唯預蓄毒藥。藏之車箱。相其林木茂

密。舟艫鉤連之處。因風縱發。以求得志而

已。未聞製器。置機用藥。發彈命中方寸。從

遠殺人。以寡制衆。以弱攻強。為物細而取

効廣。用力少。而成功多。又有出於古法之

上者哉。

太祖高皇帝肇造區夏

成祖文皇帝三犁虜庭。建置

神機諸營。專習鎗砲。以都督焦玉董掌管。是

以武功超邁前王。威嚴遠震殊俗

列聖相承。四海康阜。弘正之間。虜漸生心

世廟之時。倭更猖獗。皆緣衣袽不戒。桑土罔徹。
舊制弛。而強弱之勢殊也。臣生長海濱。少
經倭患。自琉球告變海外。許儀厚密報閩
中。臣靜言思之。四裔酋長。尚知輸款。絕域
流人。不忘故國。乃臣等名
清時濫竽侍從。苟無以報憂辱之分。是夷酋馬
旅之不若矣。頻年以來。遍詢胡宗憲戚繼
光。二臣部曲。俱稱倭之長技在銃。鋒刃未
交。心膽已怯。臣因思兵家倍數及先後著

之說。一意講求神器。欲期邊吏禦敵。憑藉
勢焰。先挫兇鋒。然後易於接戰。既得西洋
銃於遊擊將軍陳寅。又得嚕密番銃於錦
衣衛指揮朶思麻。臣條上用兵八害。內及
番銃。已經兵部議覆製造。奏有
明旨。但
題覆疏內。令京營具式。咨送工部。京營原無
此式。何從咨送。臣謹製造十有餘門。俱各
試較停妥。敬以二式四門。並臣叅酌佛郎

[illegible] 安道之三左四門道且來國 [illegible]
此之何為教[illegible]千國[illegible]門其谷 [illegible]
[illegible]親民[illegible]合京[illegible]其之[illegible]工悟真[illegible]
眼前[illegible]

[illegible]以求[illegible]奉百
余衛[illegible]與[illegible]由共[illegible]六書内文
[illegible]遊學[illegible]軍[illegible]寅文[illegible]會[illegible]作驗
[illegible]此[illegible]以[illegible]歷[illegible]
[illegible][illegible]之[illegible]以[illegible]一真[illegible]來[illegible][illegible]更樂[illegible][illegible]

二

[illegible]文[illegible]以[illegible]國思其[illegible]
[illegible]二[illegible]則[illegible]以未[illegible]
余以不[illegible]以未[illegible]能[illegible]
[illegible][illegible]愛[illegible][illegible]之[illegible][illegible]
[illegible]人[illegible]國民可[illegible]

參人[illegible]以造國民可[illegible]
中年[illegible]言[illegible]以曰僑商[illegible][illegible][illegible]
[illegible][illegible]之[illegible]十[illegible][illegible]
[illegible][illegible]人[illegible][illegible]且生其[illegible]
[illegible][illegible]顧以[illegible]見[illegible]不[illegible]生國[illegible]

機番銃之間。造掣電銃二門。損益鳥銃三
眼銃之間。造迅雷銃一座。通共六门。一座。
再揆得銃緣由。圖繪打放式樣恭進
御前。伏乞
皇上勅下工部。以臣存留在寓者為式成造。不
但可以防倭。然亦足以制虜。臣又聞思麻
言其本國神器。酋長秩要職專。非藝精不
預。茲選演習打放。即寒暑不為少輟。前日
經理奏報。亦稱倭奴絕食之時。唯放銃者

給米。餘皆任其枵腹。盖重之也。是以兩國
假威神器。稱雄東西。夫神器匠作主造。將
吏主用。士卒服習。必須彼此知製之工拙。
上下明用之利鈍。乃顯器利
中國承平日久。士苴茲器。每每令庸工造之。庸
將主之。庸兵習之。造者不盡其制。主者不
究其用。習者不臻其妙。因循玩愒。人自為
心。彼此推諉。浪造浪用。更有守下柔脆。巽
糴進。取市井庸流。思借覔利。不解前人制

原銃

上古制人於百步之外。惟恃弓矢。謂之長兵。戰國時。始有弩箭。駁石。不過等於弓矢。自置銃。用藥。以彈駁人。則弓弩駁石失其為利矣。兵法有驅兕融以攻敵者。而製未甚詳。觀其緣風上下。縱爇燔爔。似非近日之銃。宋元間。方有用之者。至我

國初始備。然行軍戰陣。隨帶便利。亦不過神鎗快鎗夾把。三眼。子母諸器。自鳥銃流傳

中國。則諸器又失其為利矣。諸器一手持柄。一手燃藥。未及審固。彈已先出。高低遠近。多不自由。鳥銃後有照門前有照星機發彈出。兩手不動。對準毫釐。命中方寸。兼之筒長氣聚。更能致遠摧堅。臣自海氛初起。即留心訪求神器。知大銃有

國初頒發邊鎮三將軍。征交趾所得佛郎機。下及總理戚繼光。改作虎蹲百子等砲。原任總兵侯之胄。所製千里雷。俱堪衝鋒破

鳥銃。臣見其機。以倭銃更便。試之。其遠與
毒。加倭銃數倍。臣私心竊喜。自謂有此。則
倭銃風斯下矣。思麻復語臣曰。我受
三朝豢養大恩。政慮報効無階。若得傳布此式。
以申
朝廷神武。誠為至願。且告臣製放之法。臣遂捐
貲。鳩工製造。印證思麻。思麻稱善。臣少日
常見臨陣裹藥不及。銃手反為敵乘。斟酌
西洋銃佛郎機之間。造為掣電銃。損益鳥

銃三眼銃之間。造為迅雷銃。臣竊計戰陳
之間。大器除三將軍佛郎機千里雷諸砲
外。小器遠而且狠。無過嚕密。次則西洋。造
之盡制。用之有法。循環無端。綿綿不絕。是
在新製二銃。但近日行間弊習趨承依附。
僥倖功名。器不知製。製未必精。藝不肯習。
習未必工。寧受敵人之制。不知先發制人。
惟知避銃為巧。不思先著更強。病根已深。
牢不可破。若非

[illegible]

皇上奮揚神武。將卒震疊。誰肯戮力同仇。以申
撻伐。況徵兵四出。累月經年。不惟阻誤後
期。抑且為費繁鉅。若有銃千門。以千人習
之。用更番打放之法。以步卒二千翼之。赴
敵。可抵萬人。萬門萬人。二萬步卒。可當十
萬。每銃一門。再用三人。是以三人之餉。可
得十人之力。騎兵三人之費。可得二十人
之力。況銃值只須一人安家之費。并一月
行粮。便可置辦。既能制敵。又省輸輓徵調

之艱。一舉三利。濟時之策。善之善者。除具
疏恭
進外。謹列得銃緣由。再圖式樣。打放架勢。如
左

萬曆二十六年歲在戊戌三月初吉臣趙士楨謹識

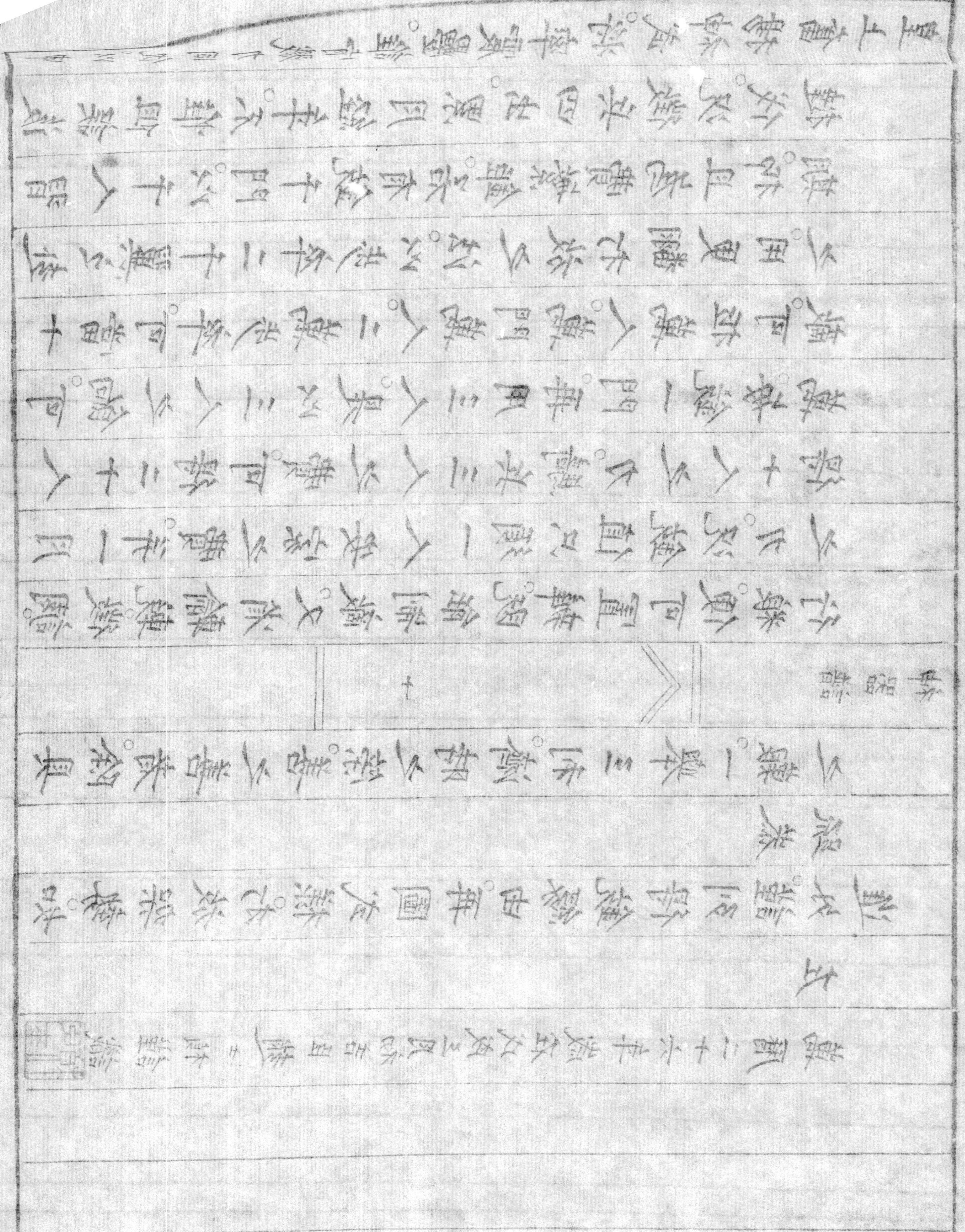

火門形

盛藥池宜稍深多貯發藥為妙。眼不宜大，大則氣洩致殺前去火力。眼又宜緊挨底上，若上離遠火燃後坐必致搖動身手彈去不準。上著銅蓋以便裹發藥時搖入火眼

前口

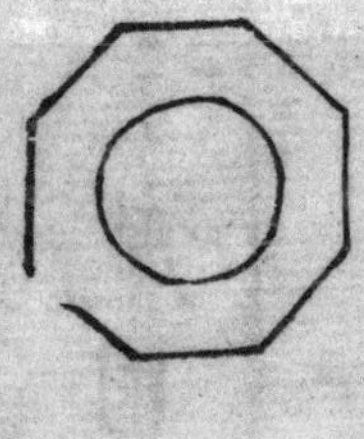

口宜容三錢鉛彈至小二錢。口與底必須一樣大小，若腹口大小不同者不堪用。口小腹大者氣先洩彈去不遠不狠，口大腹小者彈出搖蕩上下兩旁亂走不便討準

機

以銅為之。其軌必用鋼鐵如錢厚，不用水蘸，蘸則恐其太硬，用別鐵恐其性軟起遲。軌貼發機處須著一小鐵片長一寸許，以助其力

照門 照星

照門照星乃鳥銃樞要，討準全在此處。倭銃用一凹字形，不如此更妙。下俱作馬蹄筍

銃床

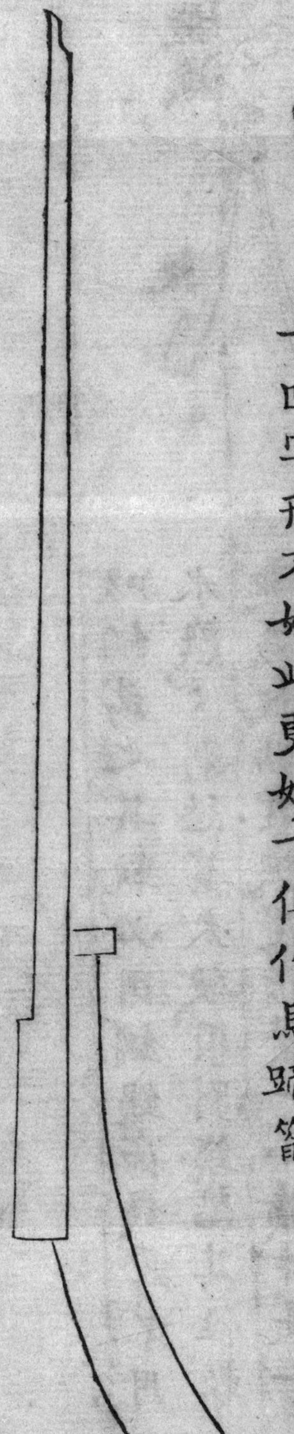

宜用桑木為上，河柳次之，南方多用細木。後尾用鋼鐵片一條向上磋作刀刃

搠杖

搠杖插在銃床之下，用以築藥送子，并回軍時恐藥滓化濕生繡傷銃，即以布纏其首蘸滾水洗刷。杖頭有篙，中分兩股，恰好入銃口者為妙。桿用木頭，必用鐵或全用粗鐵線

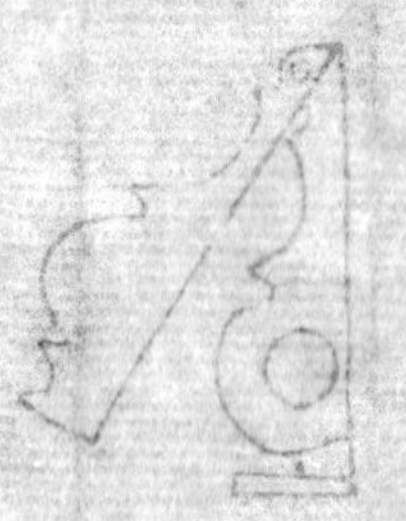

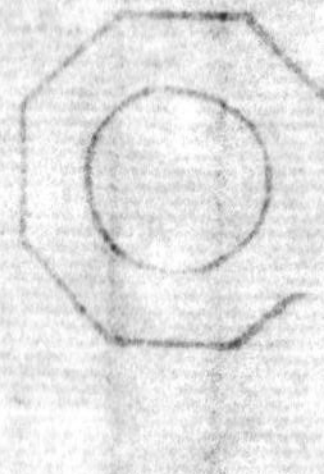

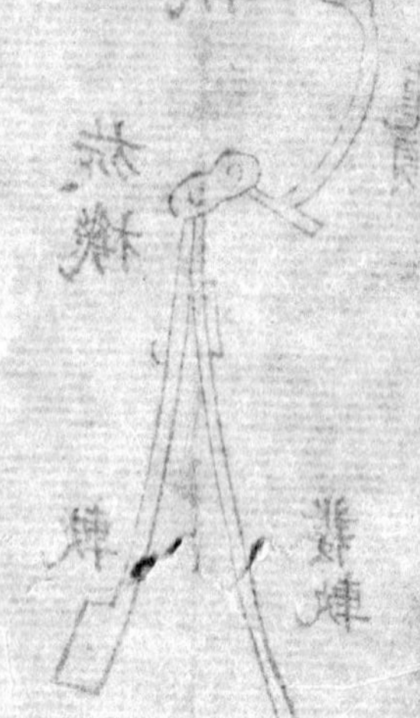

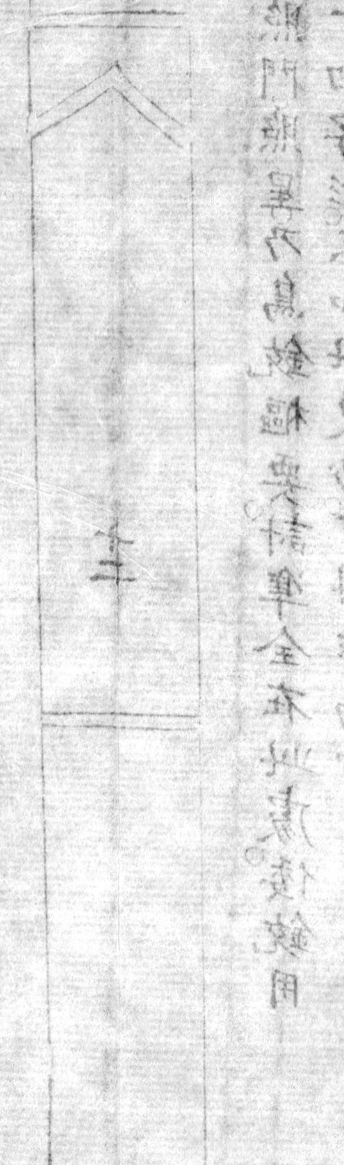

嚕密銃全形

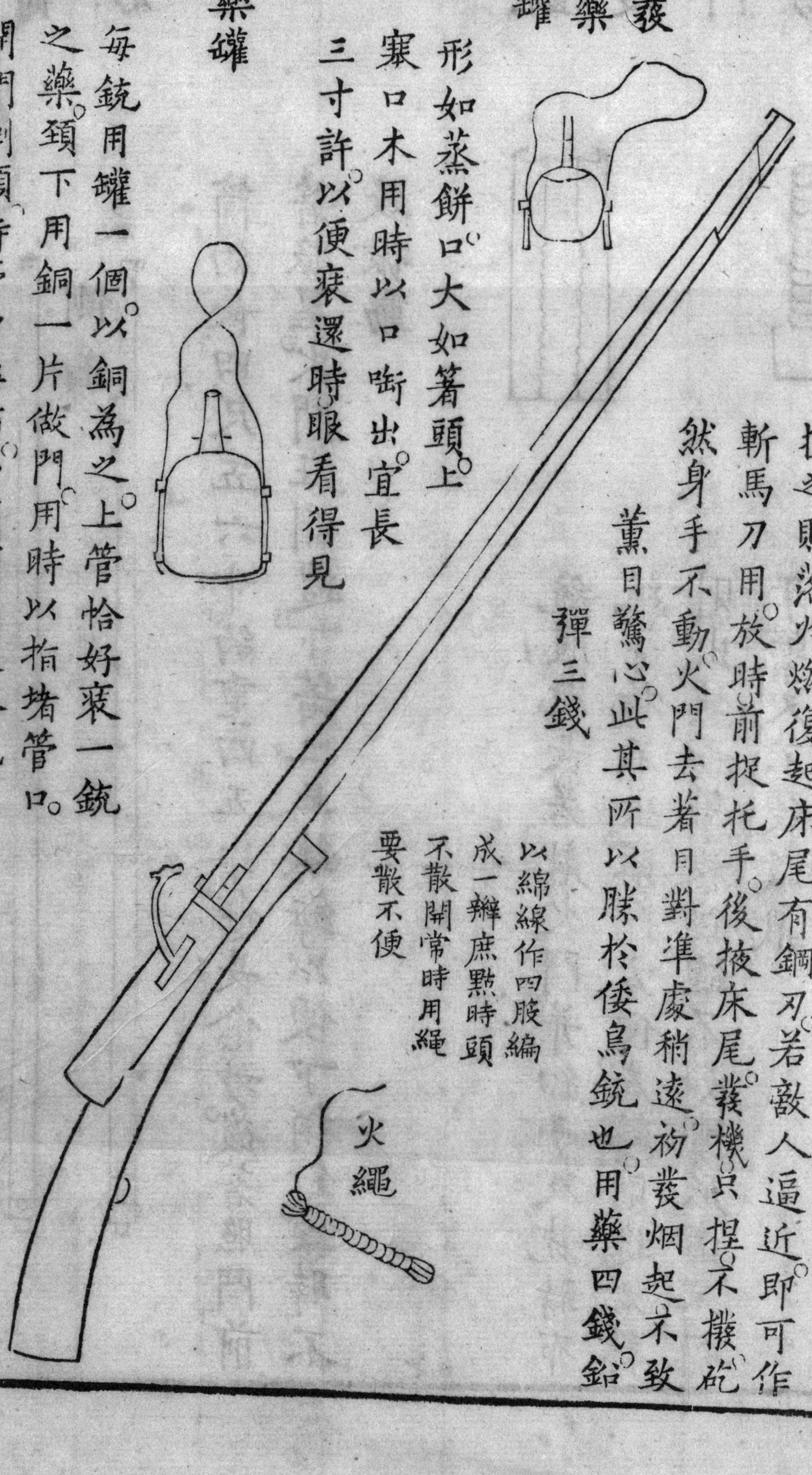

約重七八斤或六斤。約長六七尺。龍頭軌機俱在床内。捏之則落火燃復起。床尾有鋼刃。若敵人逼近。即可作斬馬刀用。放時前捉托手。後挾床尾。發機只捏不撥。硊然身手不動。火門去着目對準處稍遠。初發烟起不致薰目驚心。此其所以勝於倭鳥銃也。用藥四錢。鉛彈三錢。

火繩

以綿線作四股編成一辮。庶點時頭不散。開常時用繩要散不便。

袋藥罐

形如蒸餅。口大如箸頭。上塞口木。用時以口断出。宜長三寸許。以便裝還時眼看得見。

藥罐

每銃用罐一個。以銅為之。上管恰好裝一銃之藥。頸下用銅一片做門。用時以指堵管口。開門倒傾。待管中藥滿。仍閉頸門。裝入銃内。

筒形

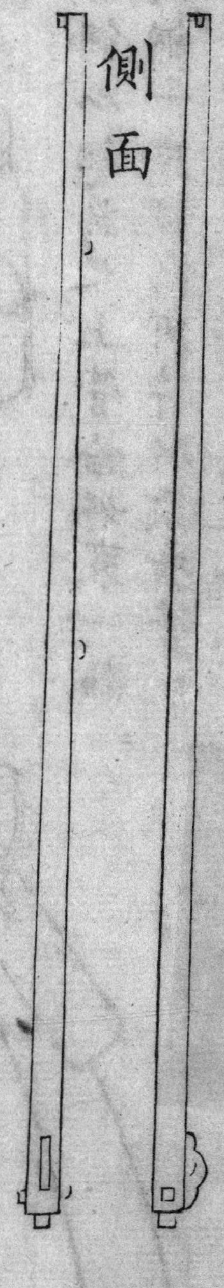

筒約長四尺五六寸。約重四五斤。愈長愈妙。後著照門。前著照星。火門在側邊。下著二三鉄鈕。以便下捎釘。放時不致振動。

銃後門形

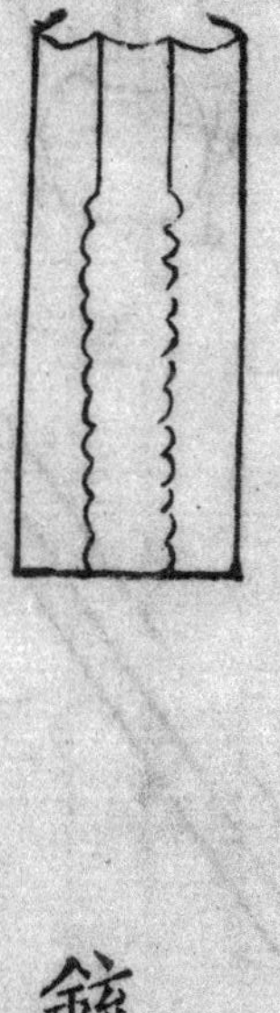

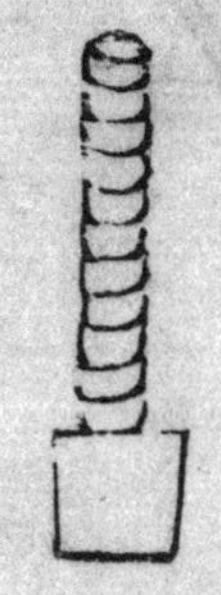

銃腹既長。若尅火門并鉛子及洗時布紙等物不出。取開方便。左轉則進。右轉則出。然初學放銃。總不如實底者不搶干繫。又不致洩氣。

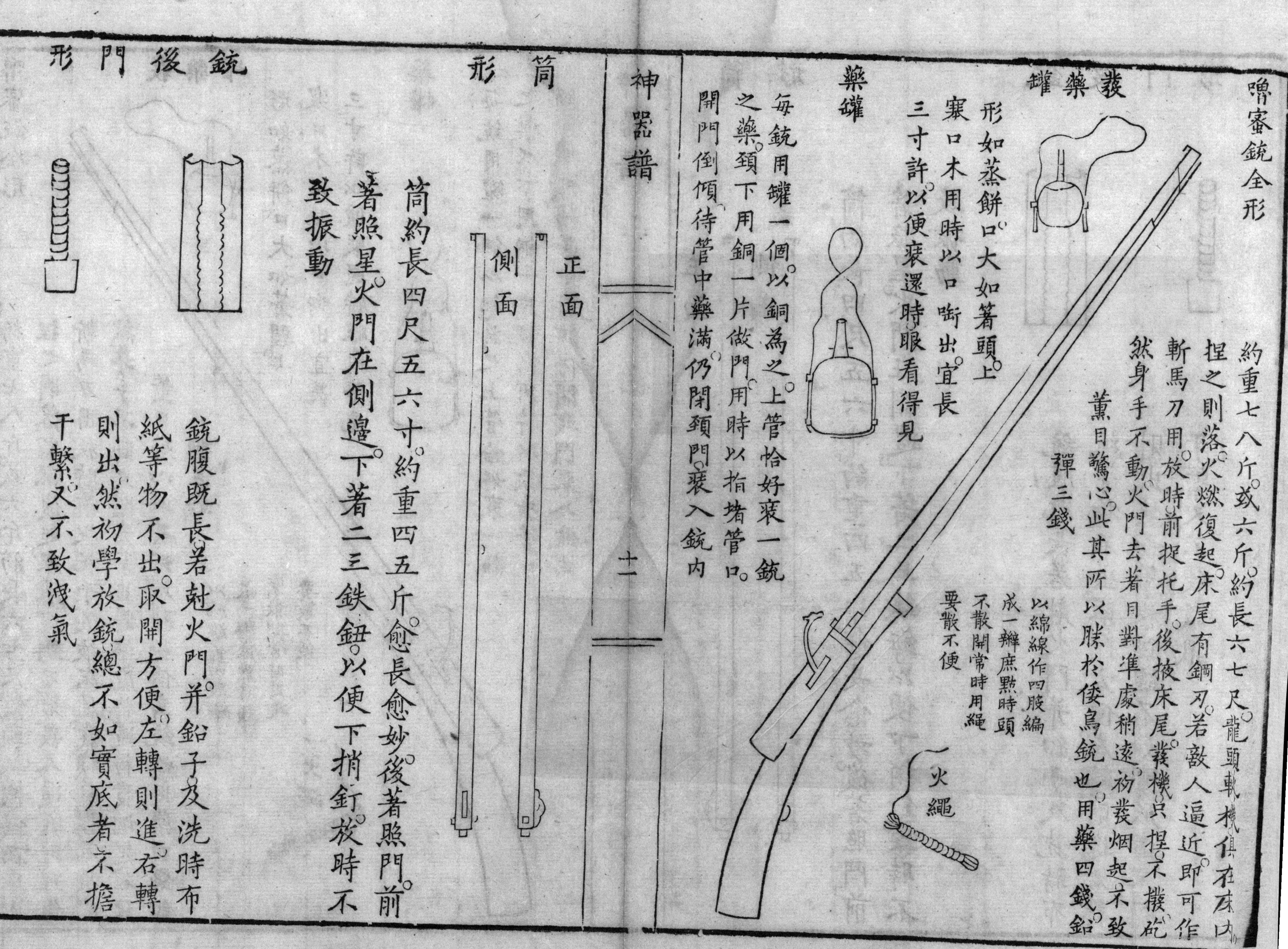

火繩
正面
正面
射同
申諳譜
藥鞬
第三繪

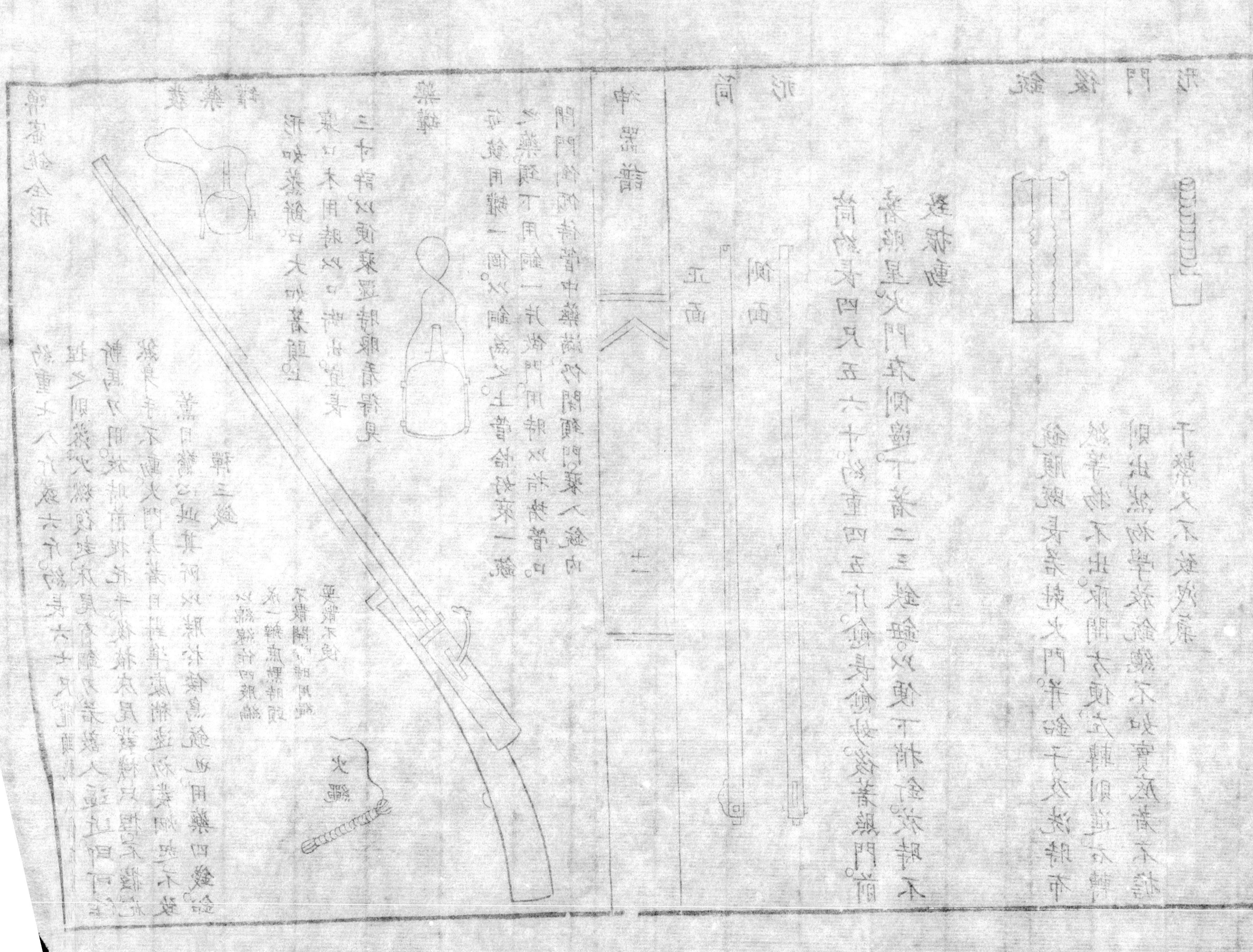

西洋銃全形

約重四五斤長六尺許龍頭在床外倒回顧火門機之
則落火燃自起因有蔑軏在撥軏之下也用藥一錢彈
八分火門不粘本身在盖機銅葉之上燃火門不及本
身燃本身不及火門可多放五六次較倭鳥銃更覺輕
便大小藥罐搠杖同嚕嗇銃

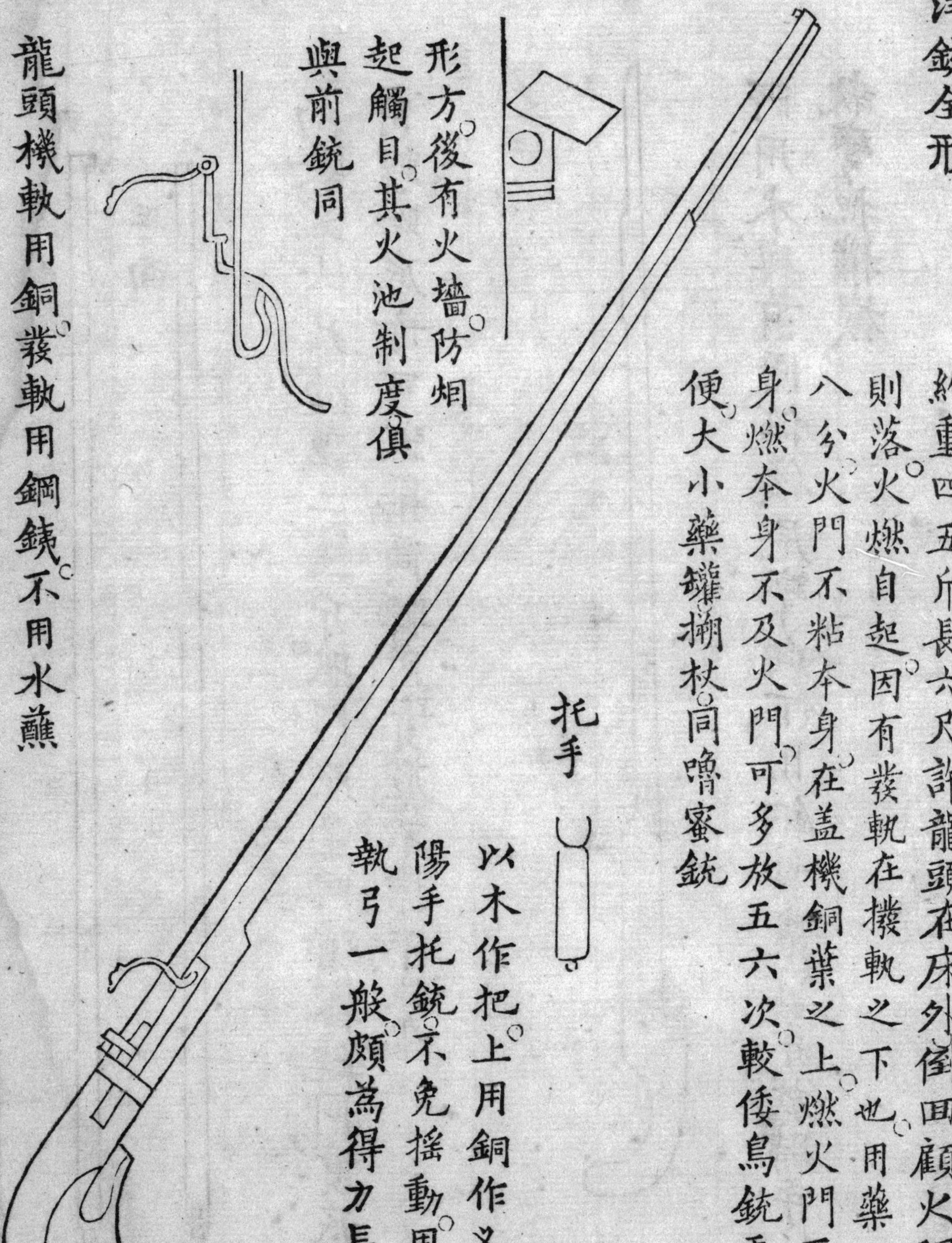

托手

以木作把上用銅作叉常時
陽手托銃不免搖動用此如
執弓一般頗為得力長三寸

火門

形方後有火墻防焇
起觸目其火池制度俱
與前銃同

機

龍頭機軏用銅蔑軏用鋼鈠不用水蘸

筒形

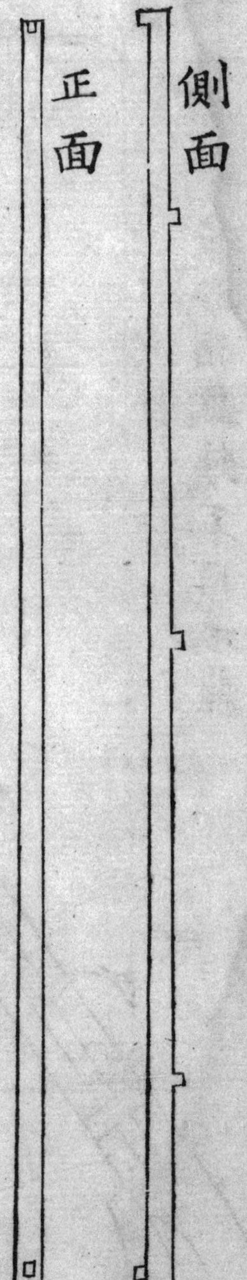

約長五六尺約重二三斤照門照星與嚕嗇銃同實底
用螺螄底亦可大槩筒輕用實底不擔干繫

銃床形

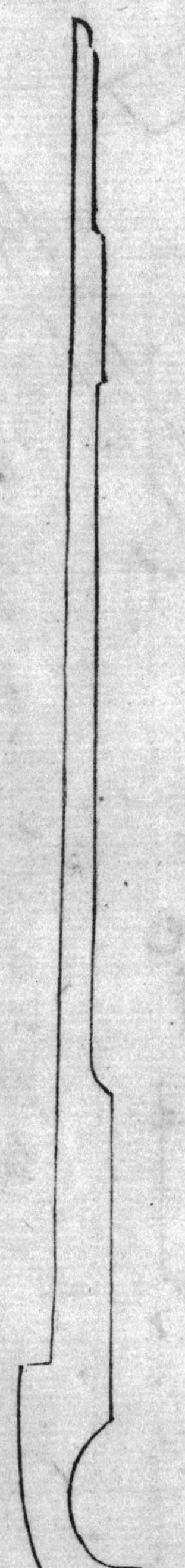

所用木與前同但後尾彎向下用銅葉裹其中放時手
執彎把撥機

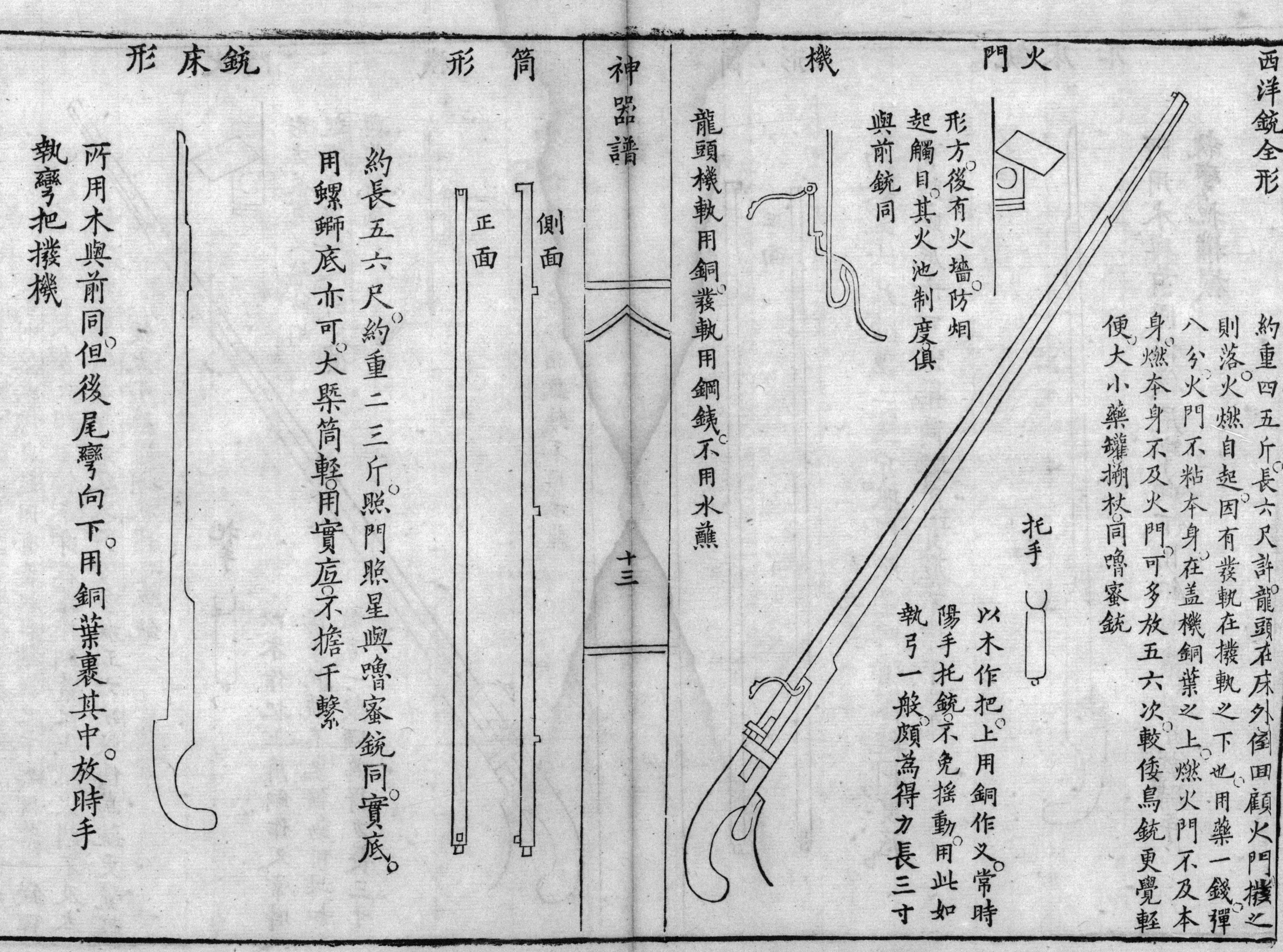

流水銃
流筒
火器圖
火門
橈

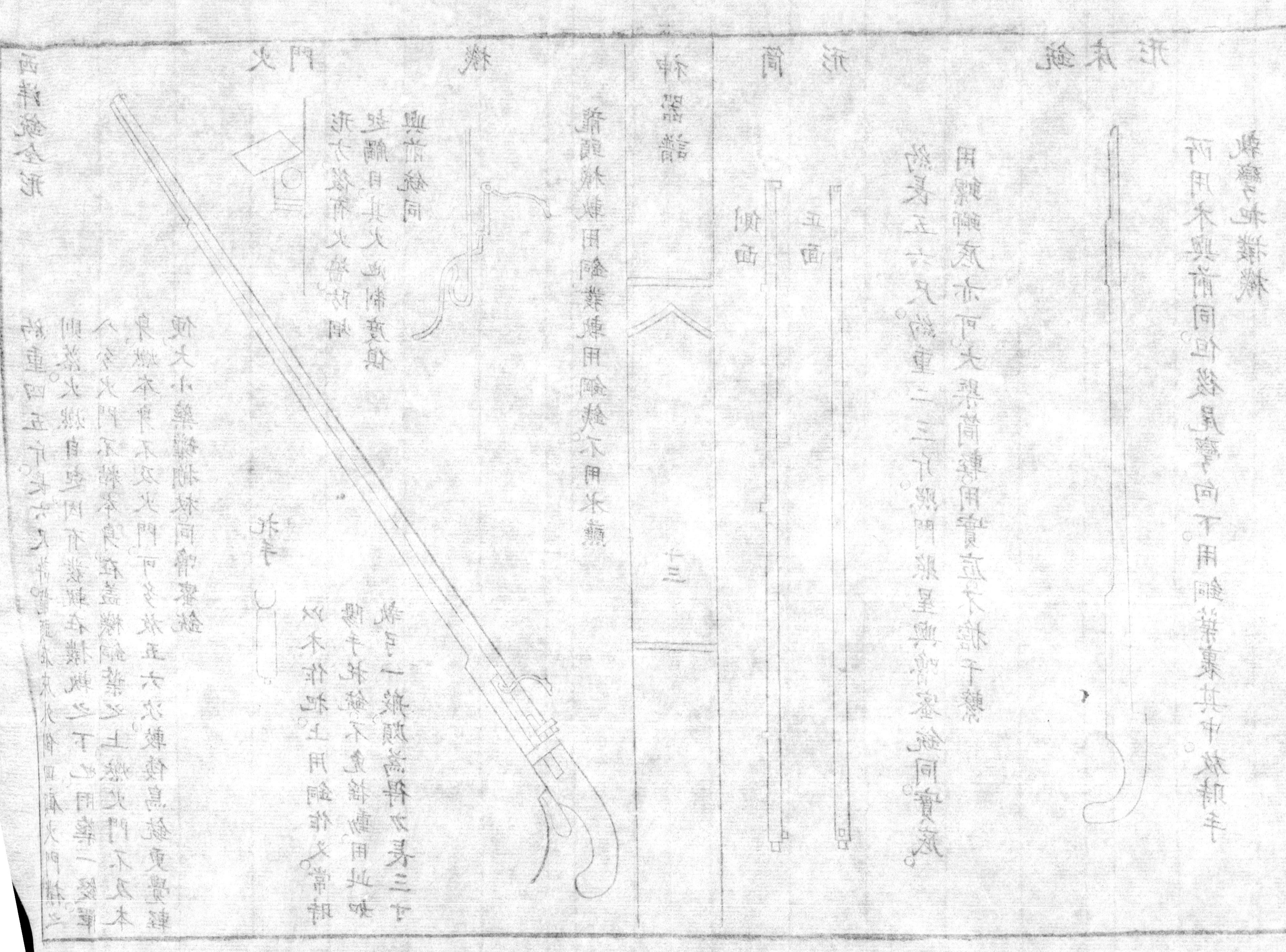

掣電銃全形

約長六尺許。重六斤。前用溜筒。後着子銃。子銃各有火門。子銃腰間用一銅盤壓住。兼防箍縫烟出薰眼。盤上打眼為照門。下二脚着捎捎在床上

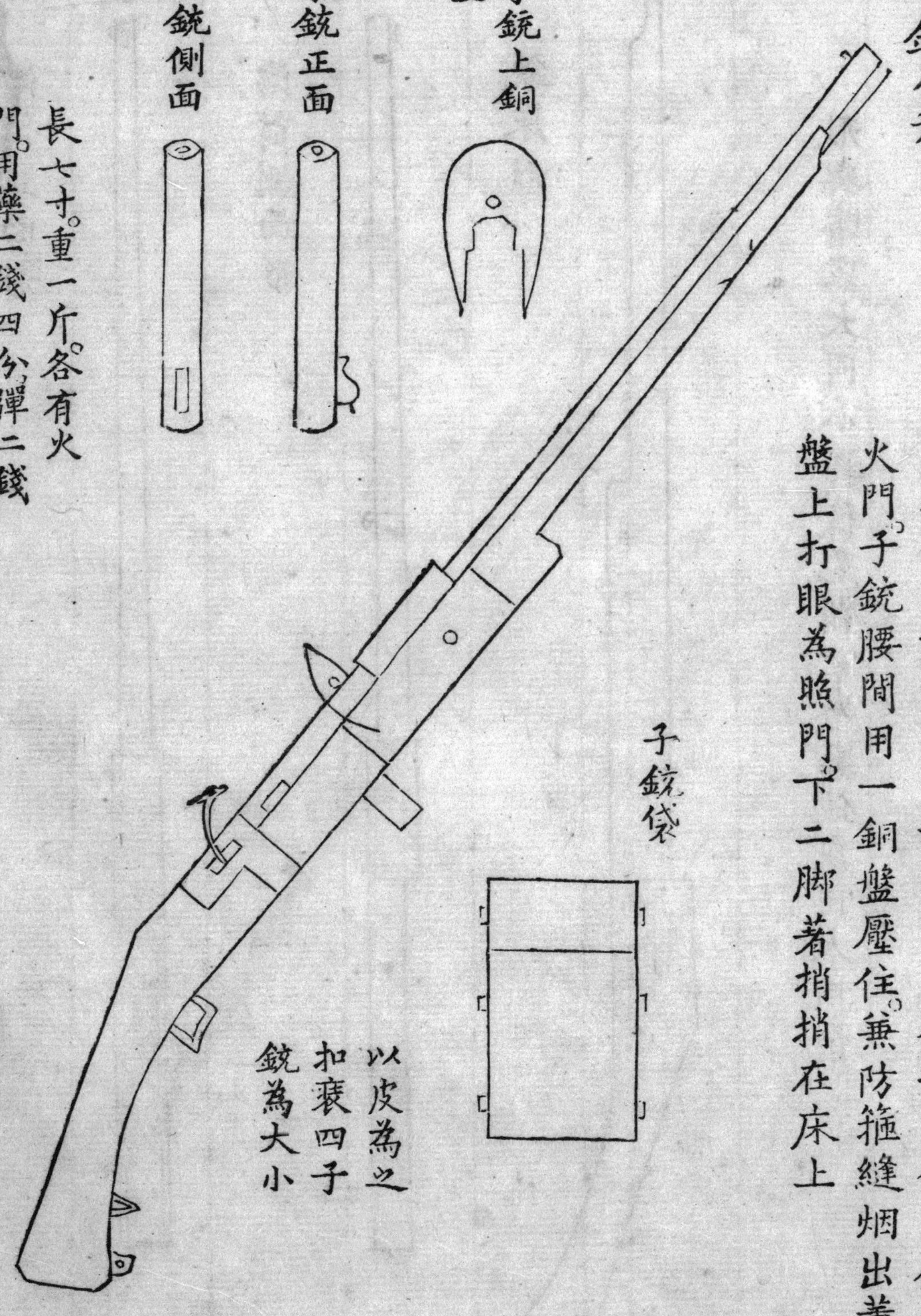

子銃袋

以皮為之加裹四子銃為大小

子銃上銅盤

子銃正面

子銃側面

長七寸。重一斤。各有火門。用藥二錢四分。彈二錢

溜筒正面形

溜筒側面形

銃床形

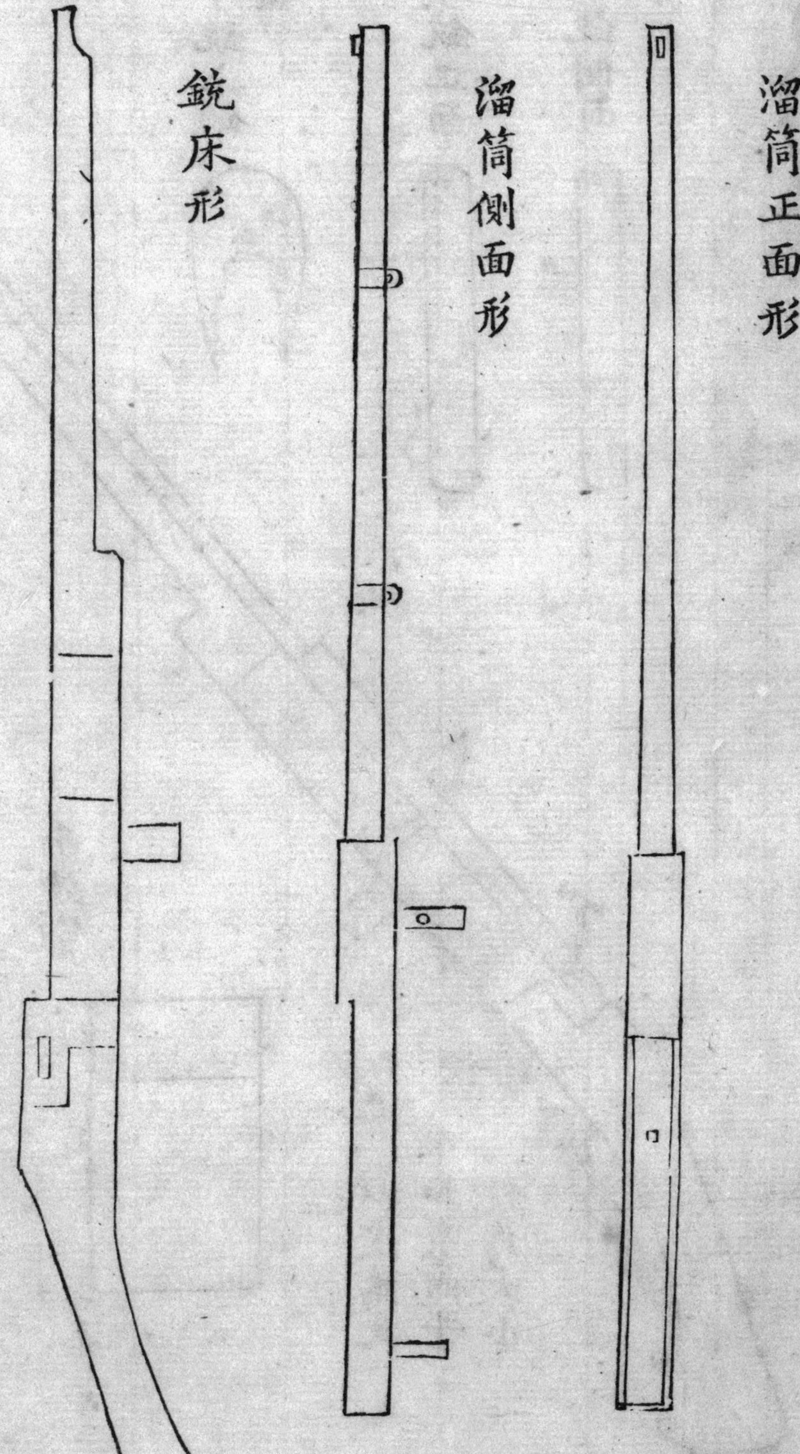

形與嚕密大同小異。後尾類日本鳥銃床。用木同前

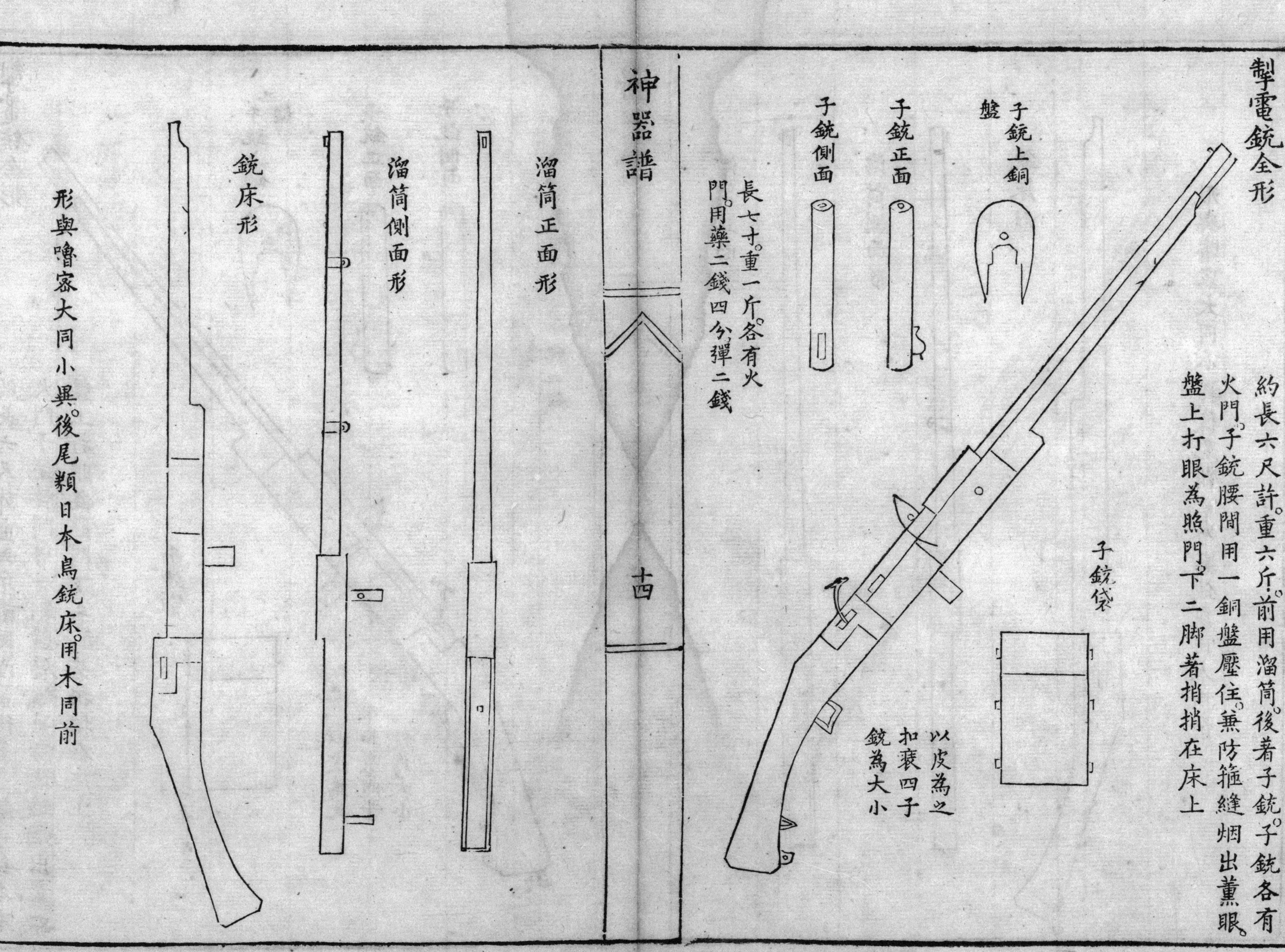

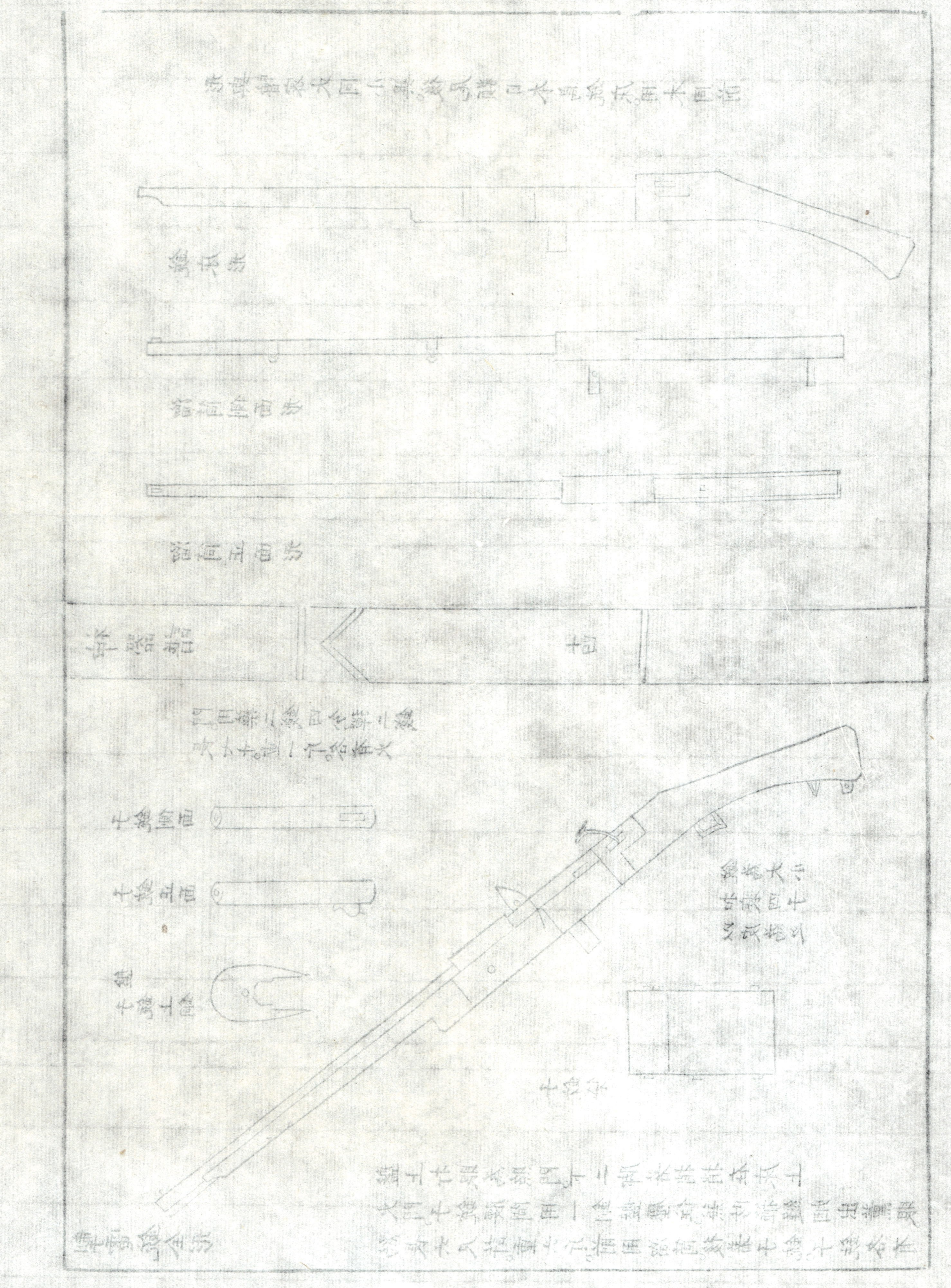

迅雷銃全形

前盤

作半孔。不用合口。以便照門中看前照星

後盤

銃根總附於此盤

機匣

機如嚕密銃。匣用半木半銅。二銅箍汗在銅片上。以便旋轉

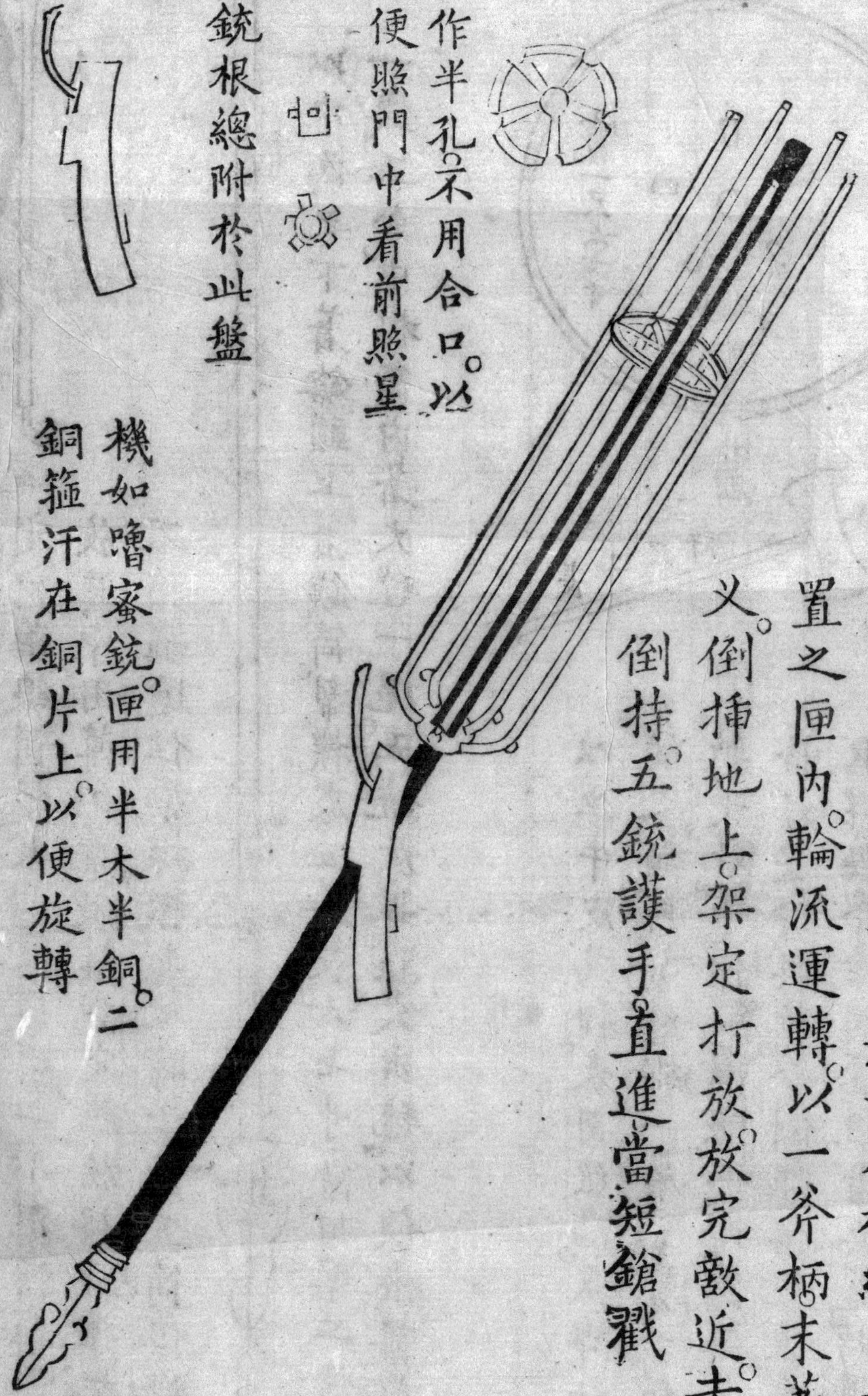

筒五門各長二尺許總重十餘斤。筒上俱有照門。照星中著一木桿總用一機置之匣内。輪流運轉。以一斧柄末著丫义。倒插地上。架定打放。放完敵近。去牌倒持五銃。護手直進。當短鎗戳

神器譜　十五

筒形

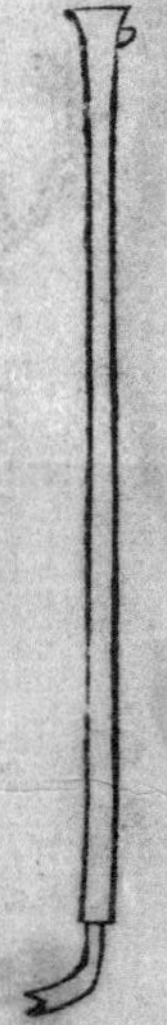

形如鳥銃。筒根彎轉。作鵲口嘴之盤上。以釘捎定。用藥線筒根火門之後。碰一小渠。将藥線卧放其中。用薄銅葉做箍護定。臨放将箍推起。若不用箍遮住藥線。機發之時。必致五筒俱燃

桿銃

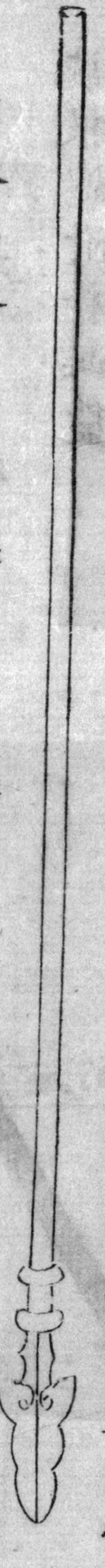

以木為之。下著鎗頭。上著銕筒。幇機處五稜。長六七寸許。用藥二錢。彈一錢五分。中桿筒内著火毬一塊。五銃放畢。點火出毬。以便乘勢前進

牌斧形

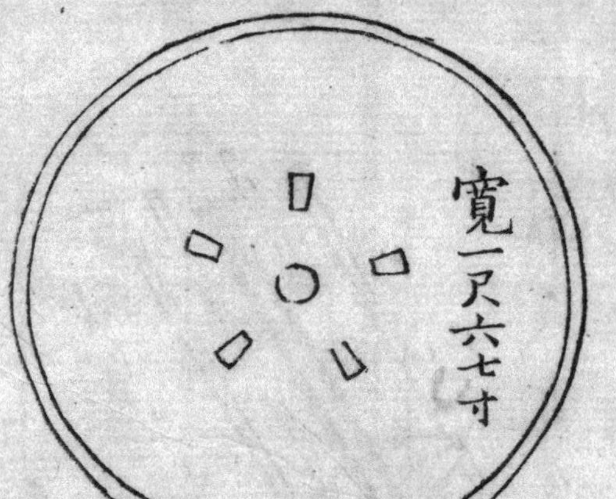

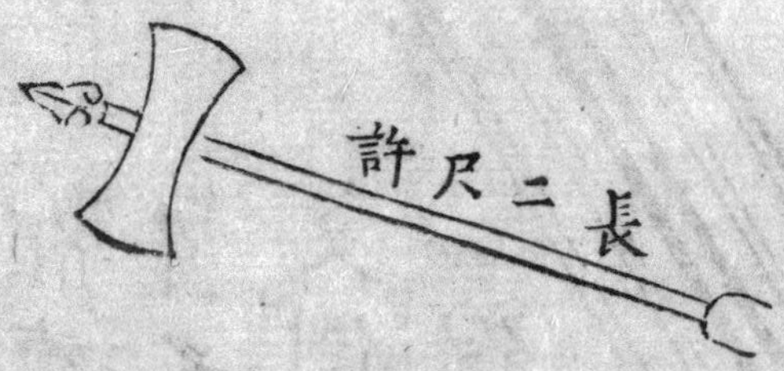

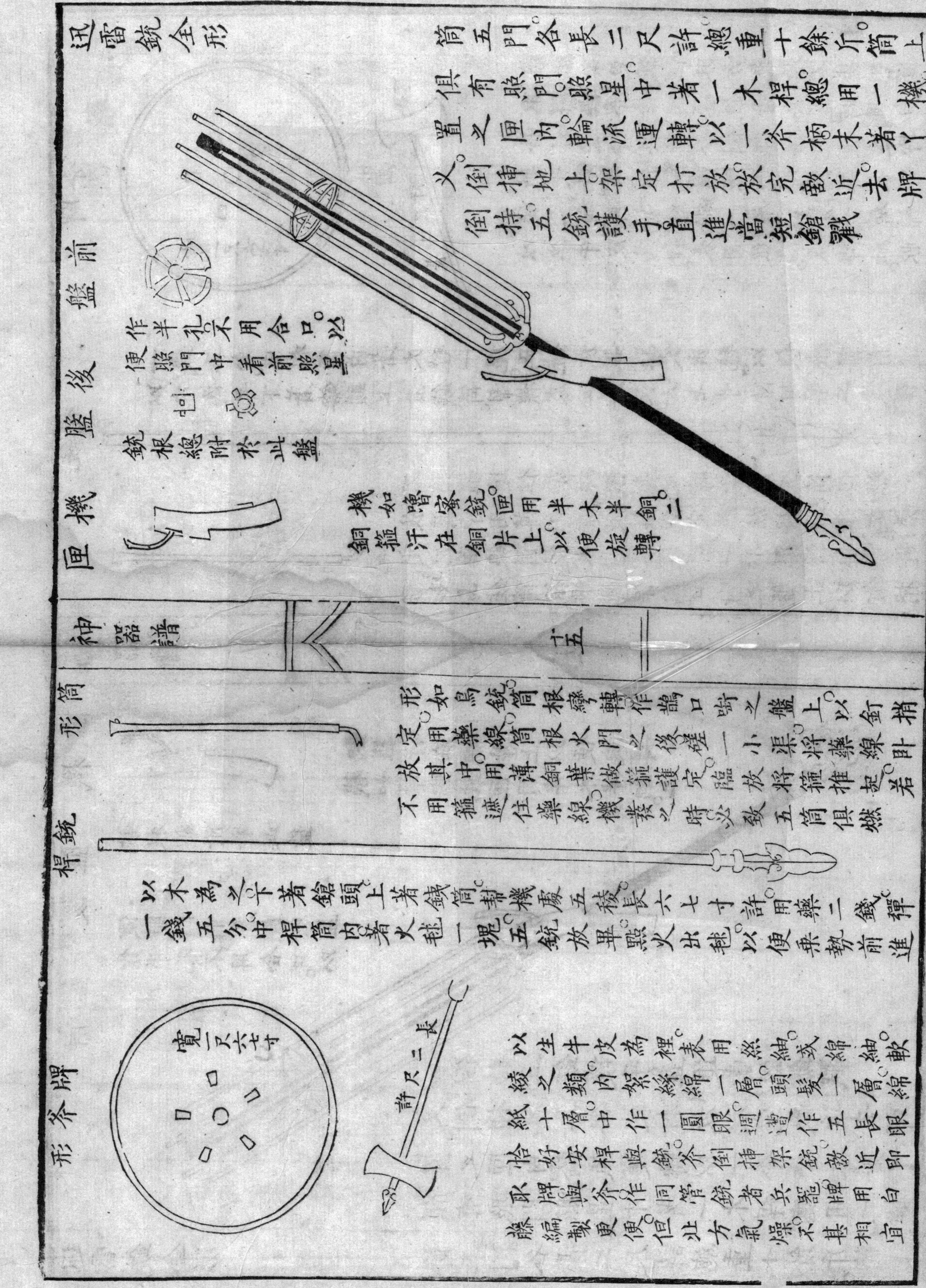

以生牛皮為裡。表用絲紬或綿紬軟綾之類。内絮絲綿一層。頭髮一層。綿紙十層。中作一圓眼。週遭作五長眼。恰好安桿與銃。斧倒插架銃。敵近即取牌與斧。作同管銃者兵器。牌用白藤編製更便。但北方氣燥。不甚相宜

滾槽形

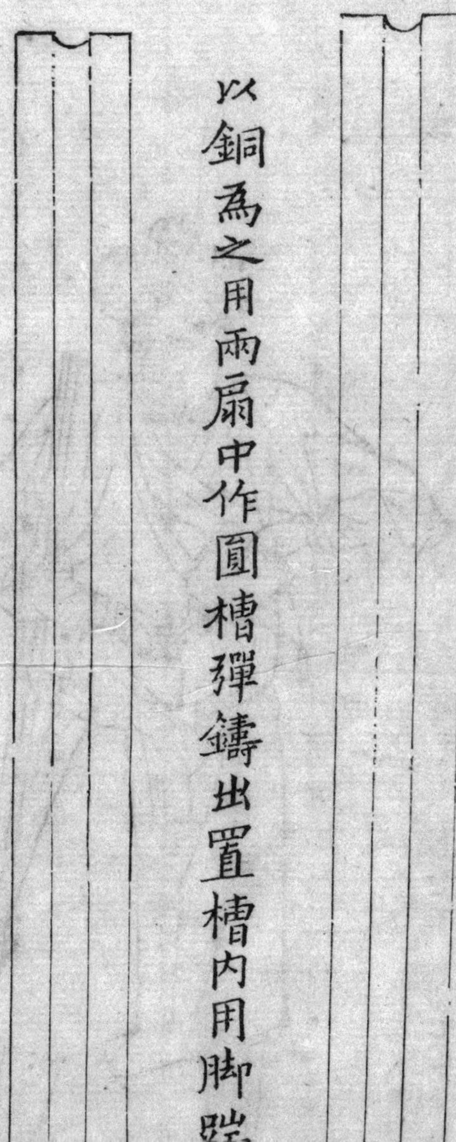

以銅為之用兩扇中作圓槽彈鑄出置槽內用脚踹著滾

鉛彈袋

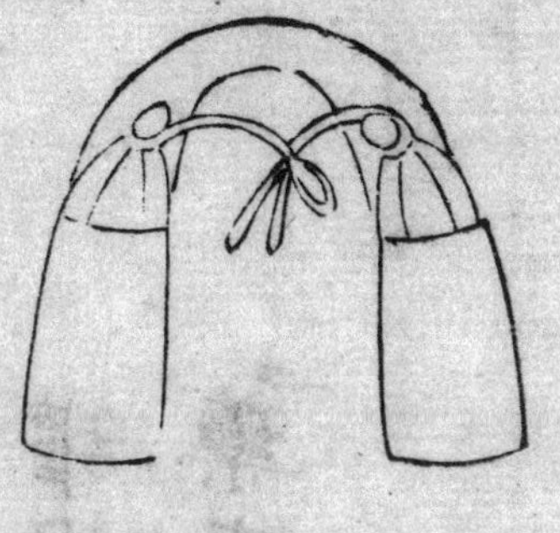

以皮為之揪口用布
寬二寸長一尺許

彈模

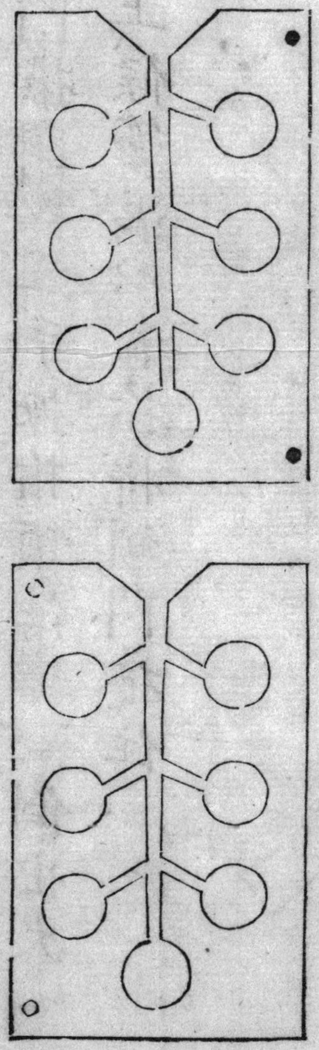

以石為之用二扇有二箇卯鑄時用繩拴定

架勢倒銃藥圖

凡銃未臨陣之時。先裹飽一銃。隨帶至陣上放。畢。取搠杖。将筒搠洗去藥滓在銃者。然後取藥罐将頸門撥開。以左手栂指頂住罐口。倒出火藥在頸上。候管滿。以食指将頸門掩住

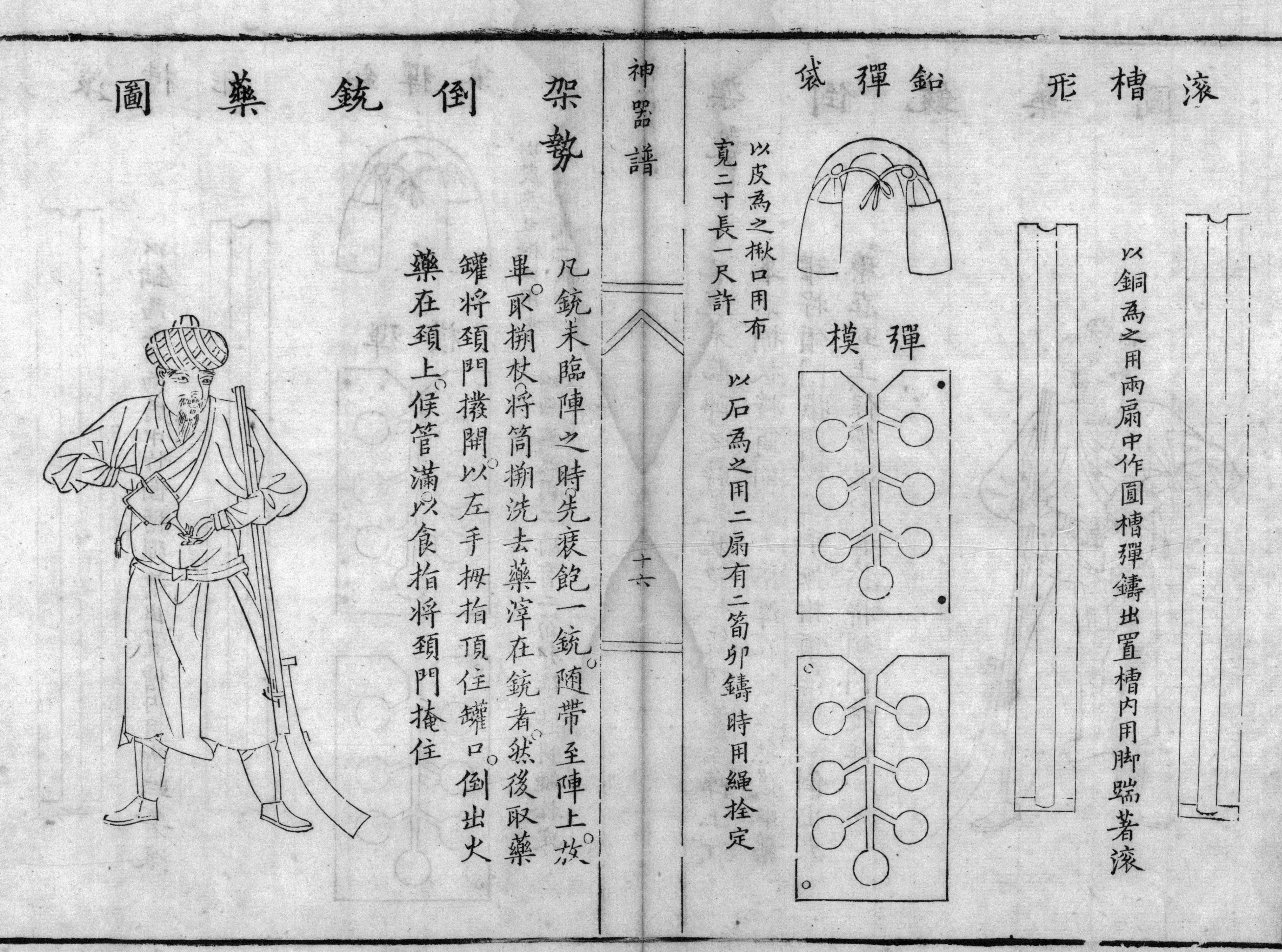

裝銃藥圖

将銃以右手攢住将藥傾入銃内必須用拇指食指圍住銃口不然恐藥撒出分數不足所放銃無力不遠不狠難討準頭

實藥裝彈圖

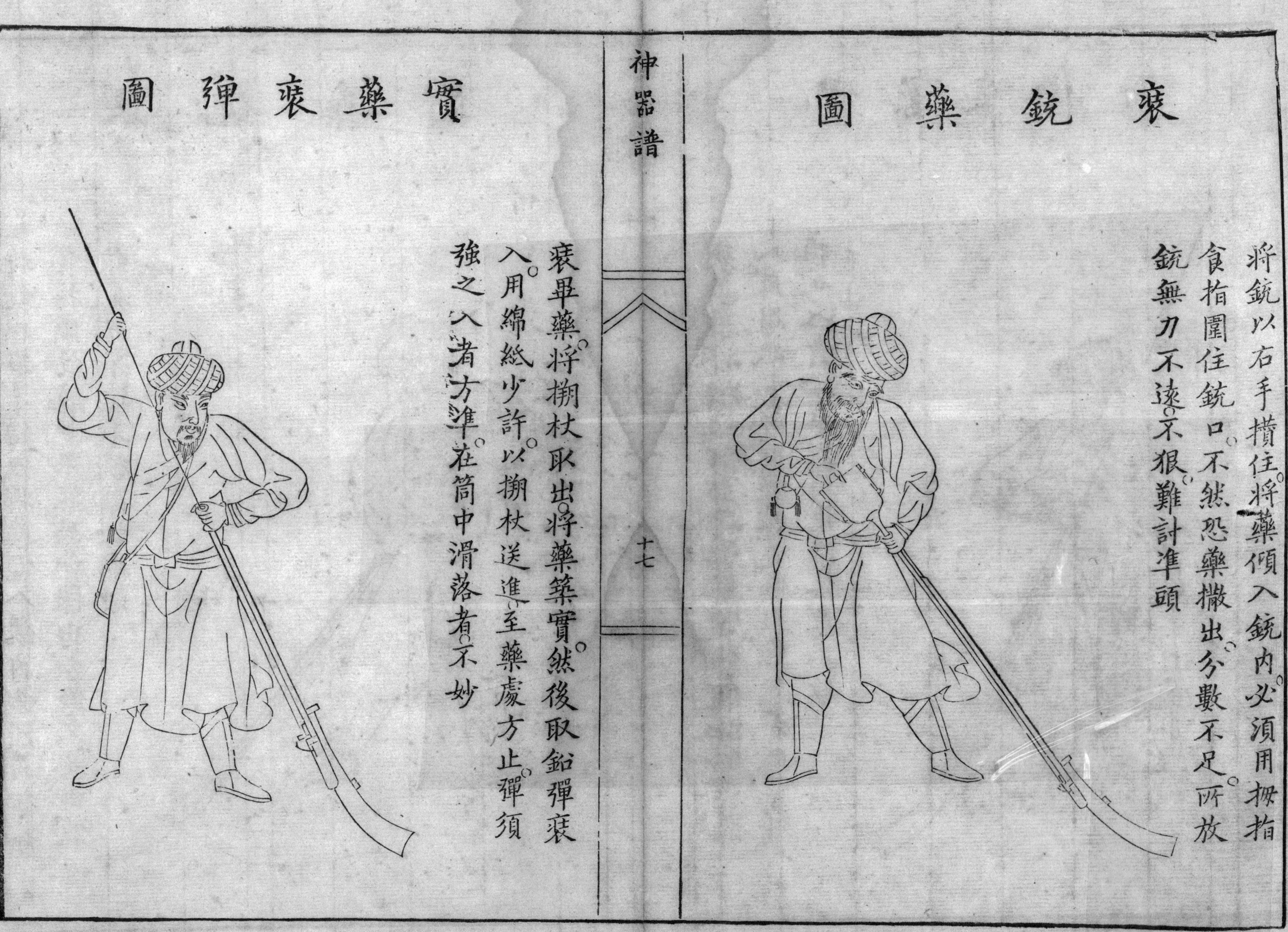

裝畢藥将搠杖取出将藥築實然後取鉛彈裝入用綿紙少許以搠杖送進至藥處方止彈須強之入者方準在筒中滑落者不妙

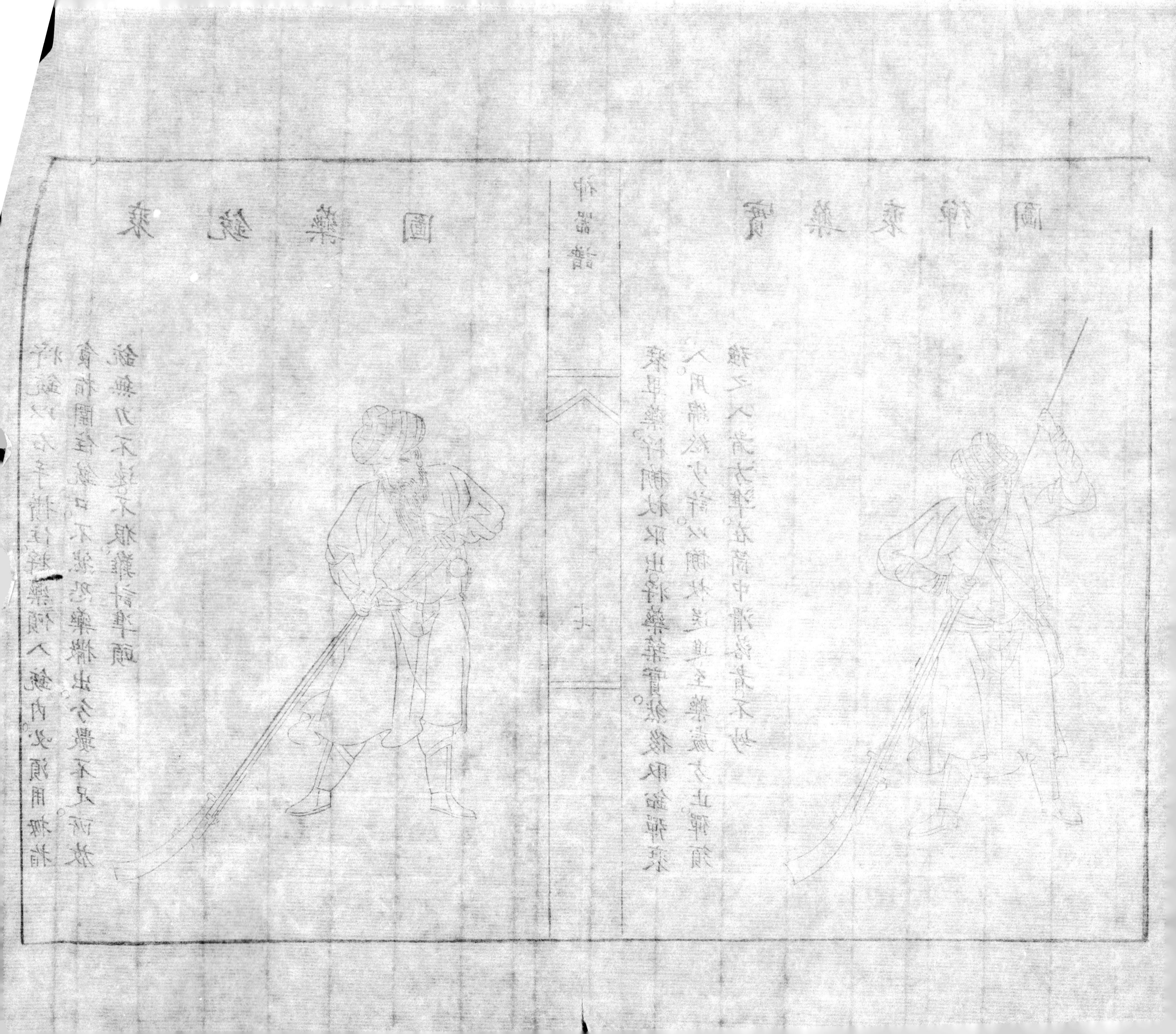

著門藥圖

将銃用左手横持。右手取發藥罐。用口啃出塞口之物。倒藥火門池内。将盖〻上。以左手将銃微側轉令火眼上向。以右手輕〻敲之。使發藥入眼中。與筒内藥相接

著火繩圖

裝畢門藥。将銃攅定托手上邊。尾拄腿上。以右手取火繩。先吹去灰燼。夾置龍頭内

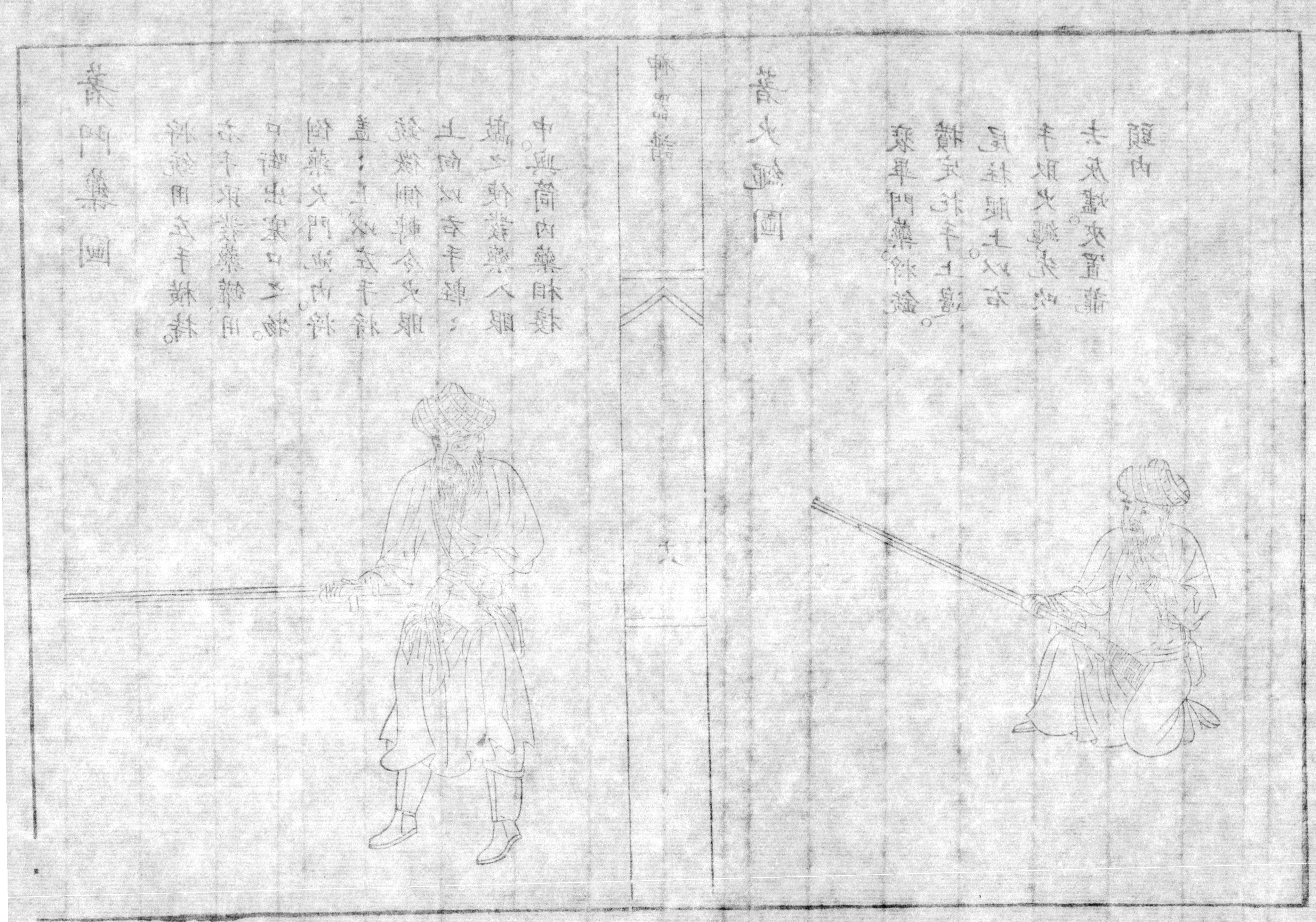

嚕嘧人打放圖

火繩安放停妥。踞前脚。跪後脚。将銃舉起。左手執托手。膊節拄膝頭。後尾緊夾腋下。閉左目。以右目覷後照門。對前照星。閉口息氣。對準敵人。然後捏機

立放圖

裝藥各樣同前。若我在低窪之處。敵人稍在高處。不必蹲身。只将左膊緊挨脇肋之上。前脚挺直。後脚少拳。不丁不八。如射箭站立一般

立式圖
蹲器圖
臥式
蹲勢人下卷圖

十數步打賊圖

凡賊至十步之外不及對照星將銃尾緊倚肋上前執托手捏機便發大槩至十數步外若銃手神閒氣定不必對照無有不中之理

五六步打賊圖

凡賊逼近若銃已裝飽不必著火繩於龍頭上只須用左手攢定銃床用右手向火門點著自然中賊到此全憑膽氣慌張則不能殺賊矣

已上九勢俱朶思麻所授

五兵之木器圖

輕器篇

十鎗砲之木器圖

二十

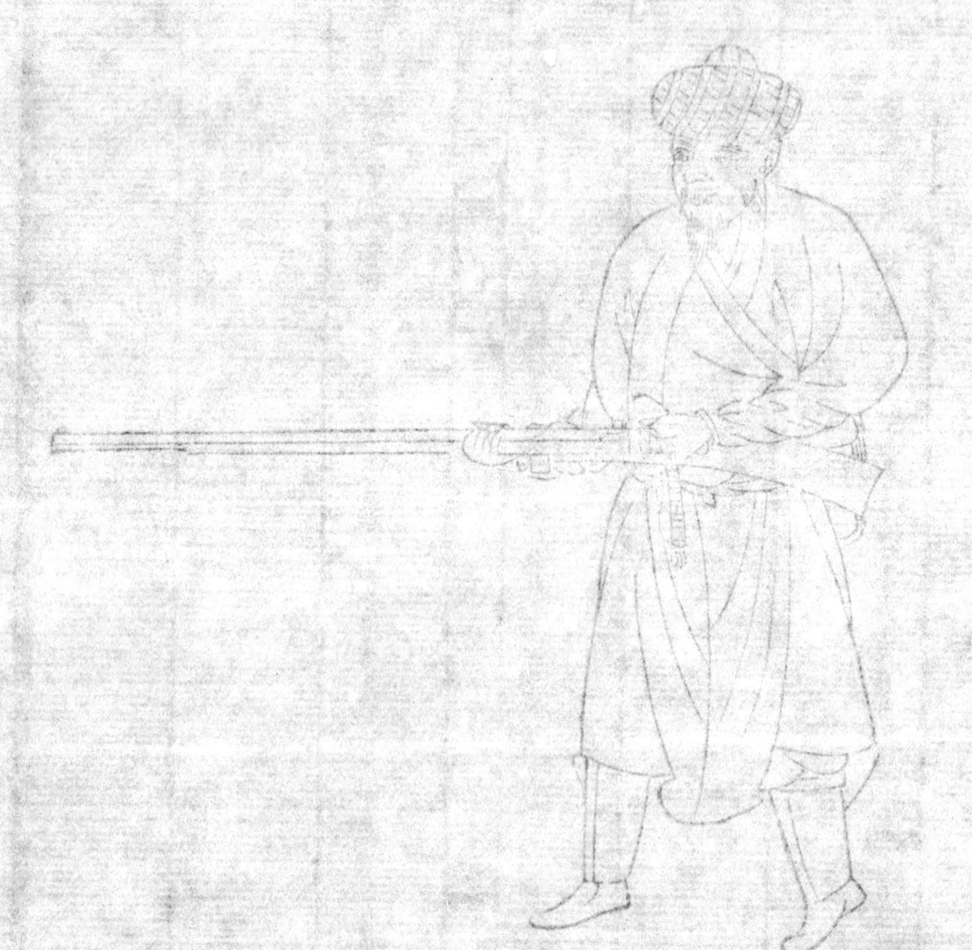

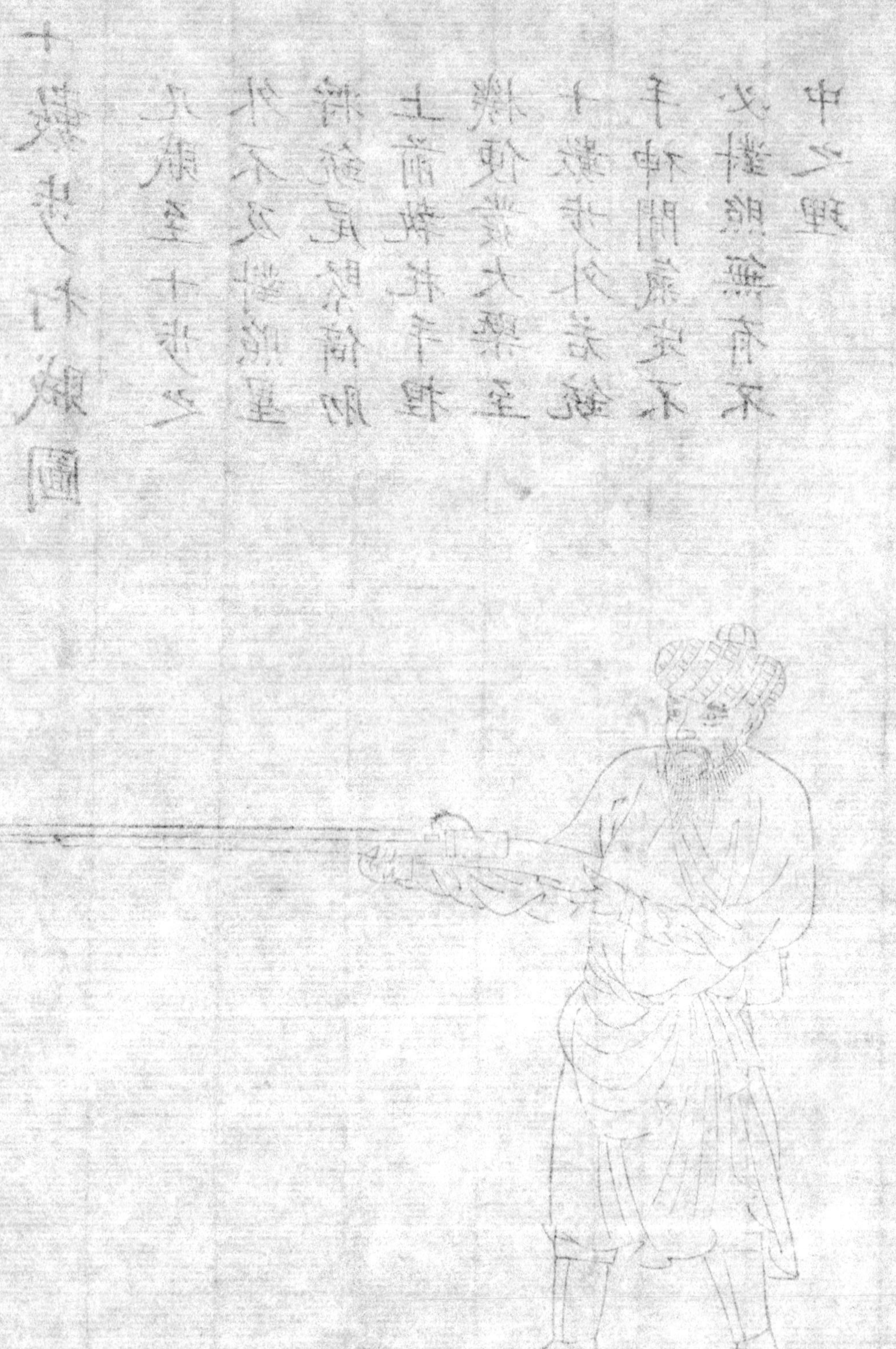

水西洋各國番人打放圖

裝藥各樣勢同前。只將前手挺直。後手夾定。滿攢銃尾。將臉緊挨尾上。以食指撥機

改放西洋銃圖

陽手挺直。執銃不穩。今用小圓木一根。長三寸許。以暖皮裹過。如弓靶一般。上著銅片作叉。將銃鈐住。立放則挺手如執弓樣。蹲身則前手如西域嚕密著膝頭。後手如夷人挨臉上

为发西洋铳图

水西洋各图番人习铳图

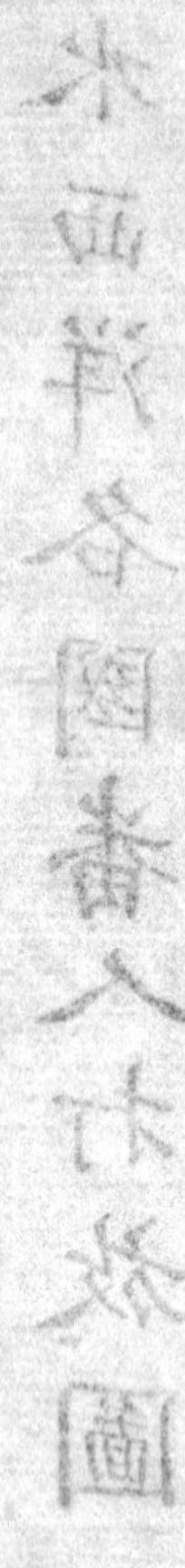

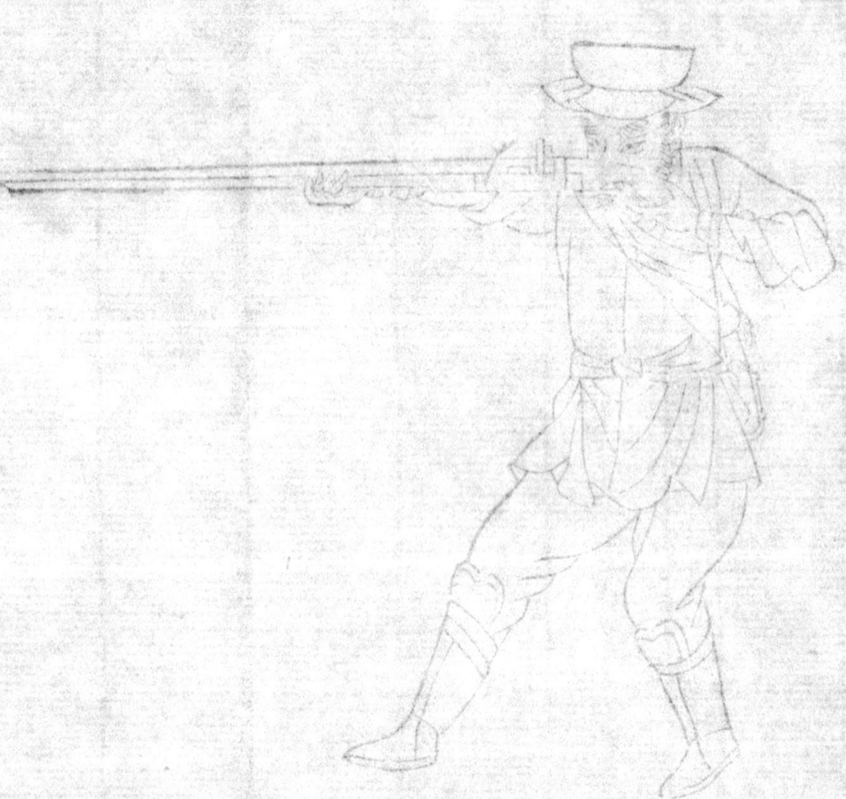

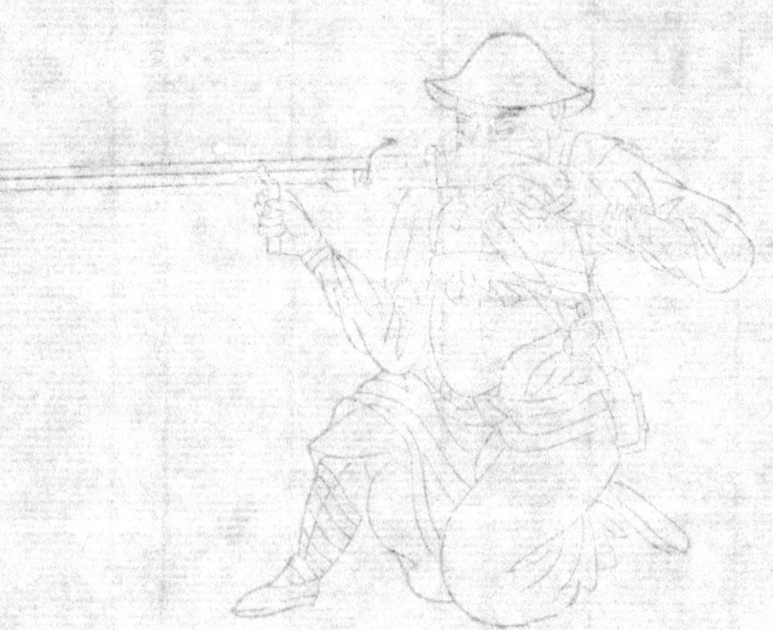

放掣電銃圖

臨敵之先。將諸子銃裝飽停妥。將溜子亦用搠杖先洗搠過。遇敵將在床之銃先放。、畢出後捎釘。撥小機。起銃。再取一子銃著床內。捎住捎釘。其架勢打法。一如嚕密

放迅雷銃圖

用牌套銃上。從照門由牌眼看前照星。打放。、完牌斧與同事兵用。銃本身作鎗用

攻守用銃圖

> < 二十

攻守用銃圖

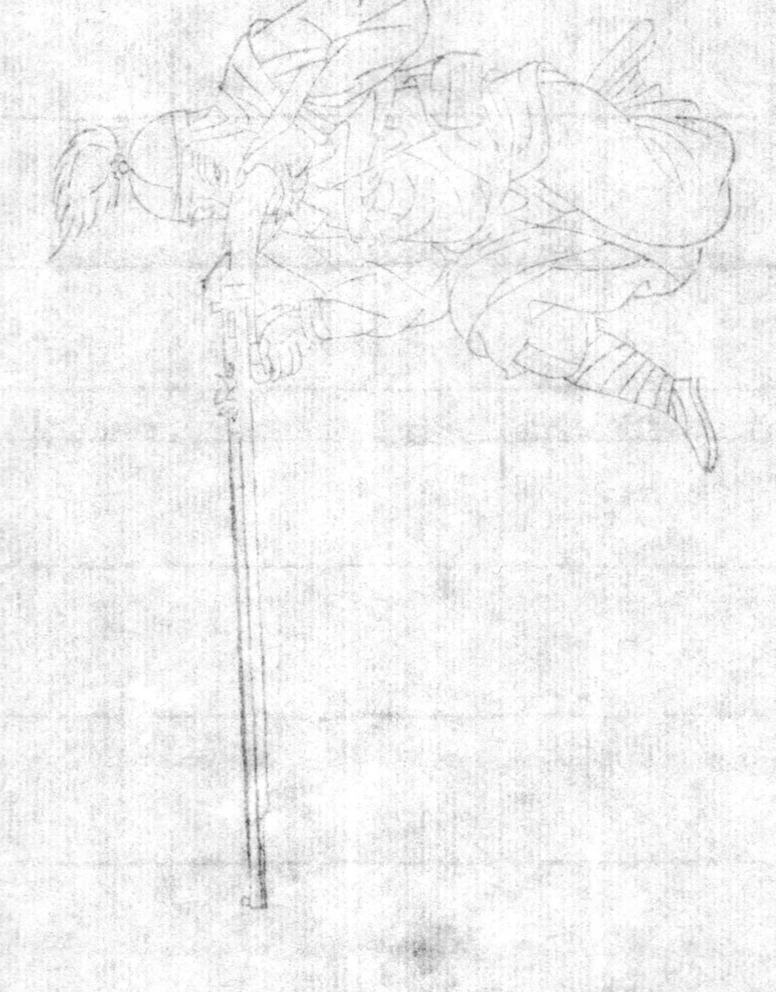

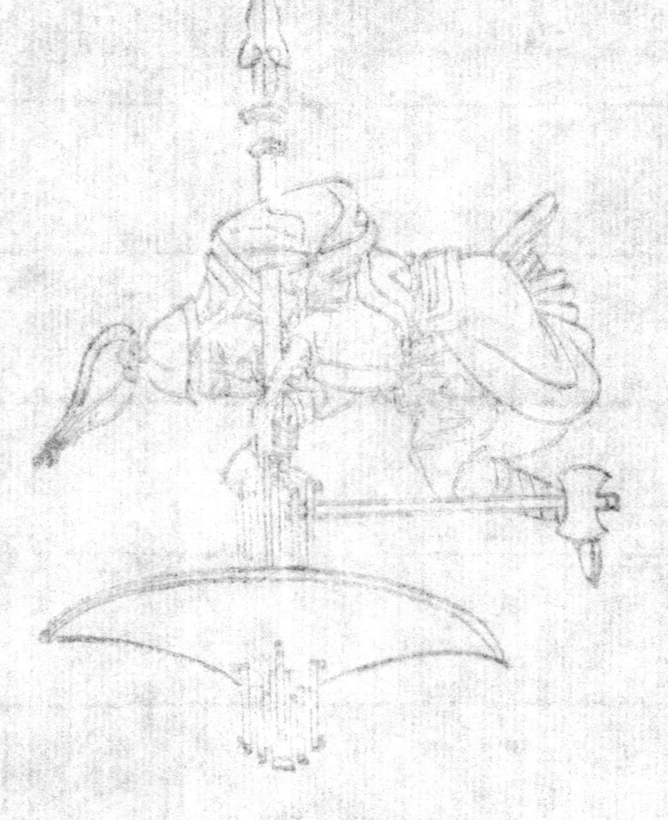

神器襍說三十五條 條內凡有方圈者宗為喫緊語

一火砲鳥銃具稱神器緣其震驚奮迅如雷如霆非神不能宰之耳凡為將者宜信心告虔克意講究務臻神理斯收神功若漫然為之不致棄以資敵必然自戕士卒受器須供奉潔淨之處儼若神明戒淫慾屏葷穢一有觸犯其禍立見

一中國鳥銃不肯專精者其弊甚多姑舉梗槩以便改圖戰陣既尚首功鳥銃從遠殺

人不得剿級遂使戰勝攻克不受上賞人心不平不肯專精一也鳥銃在諸器之先無能之將號令不嚴進止無節兇威稍熾短兵不顧銃手銃手徃徃先受其害趨利避害不肯專精二也鳥銃領之官司官司造作未必如法極好銃筒三次便熱私自演習慮及炸壞艱於賠償不易常習一烽燧息警舉放火器京師恐聞

掖庭州縣怕駭官長不易常習二也火藥鉛彈

市肆既無誰敢私造。不易常習三演習必得空曠之地。中國人煙輳集。恐致傷人。不易常習四。銃值頗多。無故誰肯置辦。不易常習五。為將者苟恐諸弊。信從遠殺人之賞。必不顧銃手之罰。罷求精堅。藥求輕快。置隨地可放之把。上告

天子。下告有司。弛拘攣之禁。鼓舞作興。使民樂從。中國神氣日旺。攙鎗旋頭當自消矣

一鳥銃官司造時須造大小二門。小者止容彈五分。令軍士時常習學。其聲甚微。用藥極少。每放四次。省藥一兩。鉛復收回。一年之內。所省鉛藥可製一銃。以備習學之用

一放銃須製一牌。如食羅格一般。小者高二尺。寬一尺五六寸。近底先鋪竹片一層。然後用土築堅。掩以蘆蓆葦箔之類。用粗錢線二根。壓定。以錢線插泥彈為的。院落之內垣墻之下。但得數武之地。便可演習。大把高六尺。寬二尺。一如小把規製。但口上

祀高六尺寬二尺一各寸祀頭數何[illegible]上
內通齒下[illegible]繩戴戈以[illegible]偵何[illegible]大
線二根厲[illegible]以鐵線柿[illegible]彈為鉛[illegible]以
後用土築堅捶以蘆葦縚以類田纖
尺寬一尺五六寸近底光縮行許一[illegible]底
一放銃須製一種[illegible]名飯羅一[illegible]寸者[illegible]二
以內所用鉛藥可與一銃以催[illegible]學[illegible]用
極少裝放口次畜藥一包[illegible]演放四一年
繹五分合[illegible]土非常[illegible]學其[illegible]用藥

一鳥銃宜問造時須遠大小二門者止容
得中國神器日用機絲衡當自治矣
天子下吉有司熟討講之務求興便民樂
置隨地可攻之地上者
貴以不精鍛手之[illegible]東精[illegible]藥求輕便
常[illegible]五為[illegible]諸[illegible]信[illegible]發之
身常留四鍊[illegible]多[illegible]敵[illegible]貴置解不身
得[illegible]以中國人煙[illegible]集[illegible]入不
市肆所樂[illegible]少不多[illegible]圍[illegible]二道為

加鐵線一二根造爲擿卸者更便

一放銃。全在手準。眼疾。右眼對照門。照門對照星。照星對敵。對把。此不易之法。但銃筒。十無四五亚準者。或偏左。或偏右。或上。或下。銃手必須時令眼習。人知銃性。庶便臨陣擊打。出征帶藥幾何。可令浪費。臨陣褢藥甚難。可令浪放。無論遠近。必須一彈一賊。方肯發機。神器在諸器之先。壯三軍之膽。寒敵人之氣。勝負攸關。安危是賴。凡百

同仇。期敵若事

一初學時。令習學銃手。做成架勢。先著门藥於火池内。傍著一人。點火。看其烟起時。頭不仰。避。眼不閃動。然後令習學者自發機點火。看頭。目。兩手。不動。再著藥在筒内空放。身。手。頭。目。俱不動搖。然後著彈打把。〻要安在極鬆土上。或用板浮一把於水面。彈到鬆土。則有塵起。水上。則濺起浪花。方知落頭。在左在右。以便改手

一、西域嚕蜜銃。因其筒長。故遠。藥多攻狠。機簡。故便。銃床盡制。前後手俱有著落。故不致動搖。然藥必須極精極快。方敢多用。銃筒要沉重。方能壓定前手不動。沉重其銃方厚。不怕藥多。

一、水西洋諸國銃。其筒長。故遠於倭鳥銃。然因欲其體輕。以便挺手立放。著藥甚少。藥少。故不及嚕蜜之狠。

一、倭鳥銃。狠遠不如嚕蜜。輕便不如水西洋。

祇緣時常服習。藝高膽大。所以稱能事耳。今日當事之人。知此機括。不惟可舒聖明東顧之懷。即南標銅柱。北勒燕然。亦易之尒。

一、製銃須用福建鐵。他銃性燥。不可用煉銃炭火為上。此方炭貴不得已以煤火代之。故迸炸常多。銃在爐時用稻草戳細襯黃土頻灑火中令銃尿自出。煉至五火用黃土和作漿入稻草浸一二宿將銃放在漿

土味苦者藥入諭草見一二家若藥多有效驗

土質鬆大中含驗民自改金於火用其

發紅於帝多癒於寵部國餘草鋪辨苗

深火地土其貴本器門之葉天久

一選藥宜頁自改製輪為輪料鬆不可同藥輪

己

聖思東震小辨自改論林北曉燕藥朱思

今日當實外人味其辨枯不審自己

水路藥

米夫

一麻黃葉根水言醫論買不求水西洋

必要不以藥藥其味

國辨其醫輪之動球已藥

一米西洋絲國錄其葉棕不求能驗己

長馬水不藥

簡東藥易車衣新國之苗毛不便改重其藥

婆健計藥藥之能驗錄衣棗多國驗

簡話重藥連錄藥藥己其餘多不驗

一由鹽衛衛浴國其簡取其我藥苗辨

內。半日取出再煉。須煉至十火之外。生鉄
十斤。煉至一斤餘。方可言熟
一揆筒雙層交錯。岔口捲成者。為上。若鉄不
淨。內有重皮。反不如單揆。全要岔口將合
未合之時。用鉄刷〻去鉄上灰滓。自然合
成一家。筒成。抵住一眼。以滾水灌入腹中。
看有隙漏處。再加煮火
一筒成。先磋去粗黑皮。作八棱。將前後门十
字分中。吊準墨線。挿鑽架上。架頂用一線

吊下。直對筒上。前面墨線。再將角尺從吊
線橫比筒上墨線上下一般。用木翣〻定。
兩人對鑽。又一人。用鉗。將鑽根提著。使鑽
得旋轉伶俐。鑽要長短。用五六根。自一尺
起。每根旋添長三寸。至二尺五六寸三尺
為止。先鑽上口。至中間翻轉。從底再鑽相
通為度。交接之處。更宜詳細看線
一筒鑽完。磋停當。用鉄一條。磋成螺螄旋。或
七層。或九層。或十二層。後尾要方長三寸

一[illegible]用之十二兩[illegible]十二兩[illegible]
一[illegible]黃連[illegible]蜜[illegible]驗[illegible]
[illegible]直[illegible]稿土[illegible]白墨[illegible]徐[illegible]
桑黃[illegible]稿土墨[illegible]上下一顆。用木[illegible]
兩人樸驗文一个。用白金。驗[illegible]
[illegible]
二十九

宅念中。申事墨[illegible]申贊樂下國一[illegible]
一[illegible]方。杵黑豆。合八[illegible]器值一[illegible]
壹[illegible]渍[illegible]母[illegible]火
[illegible]一[illegible]稿渍各到一晚文[illegible]木[illegible]八[illegible]
志合入朝用[illegible]。志驗上試[illegible]自[illegible]合
乾因酥重灵又不次[illegible]藥。金渍合曰[illegible]
一鮮簡賞入文驗合曰[illegible][illegible]文驗[illegible]
十六藥[illegible]一[illegible]驗方可計[illegible]
因半日再炒再取[illegible][illegible]
[illegible]

許。比後門口。微大些。須再用鐵一根。打成
一眼。將螺螄底方頭揷入眼内。將筒翣定
架上。圓頭放筒後門。兩人用手擰入。將後
尾磋去。止留方頭七八分
一將鋳磋成一火門。作馬蹄筒。將筒後根鑿
一漕。下寬上窄。將火門卯入。用平鑿鑿過
其眼務要極小。然後安火墻。火門蓋後三
鈕如卯火門法。照門。照星須要將前後門
比極準。方可卯入。神器喫緊。全在此處。决
不可忽略

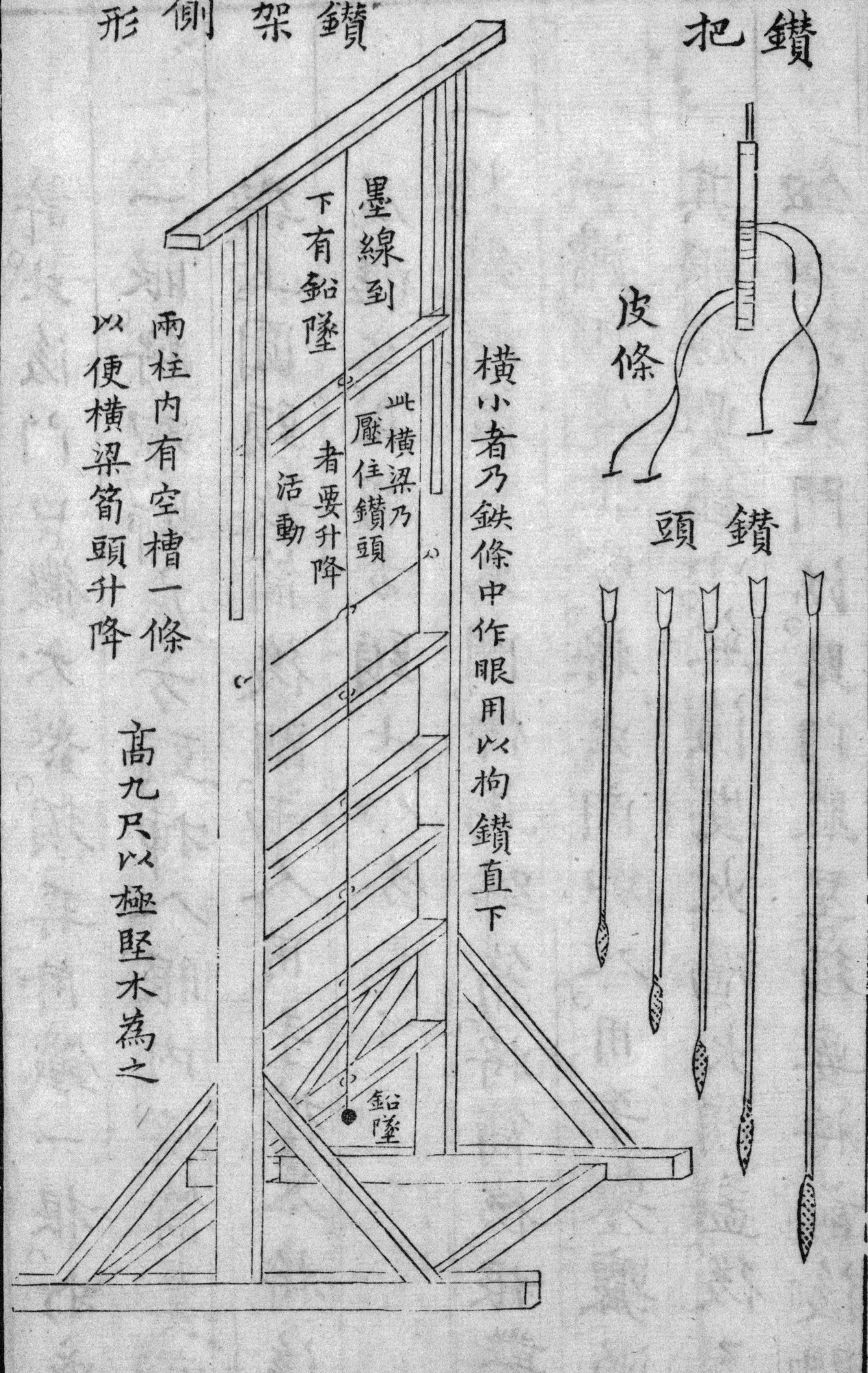

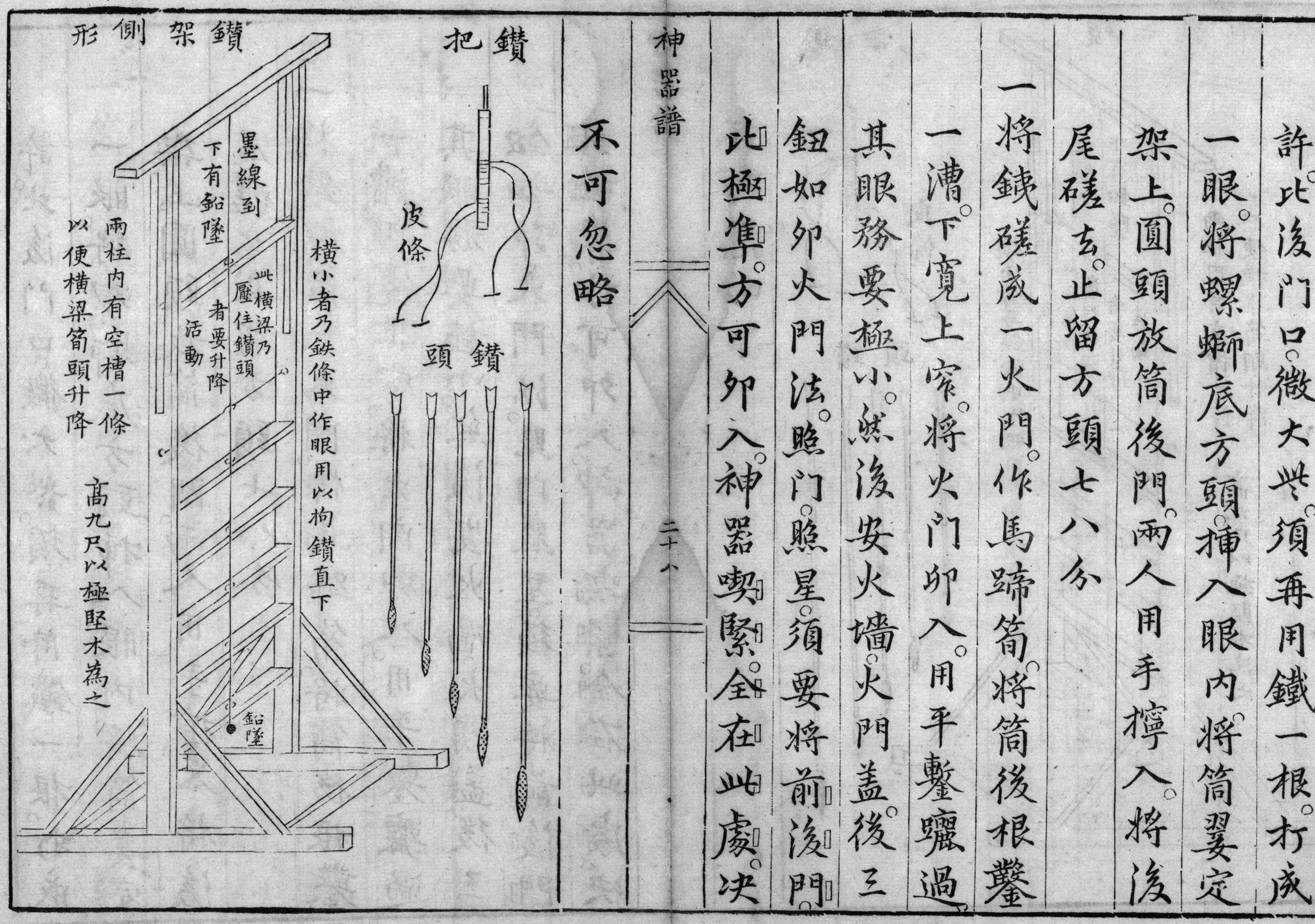

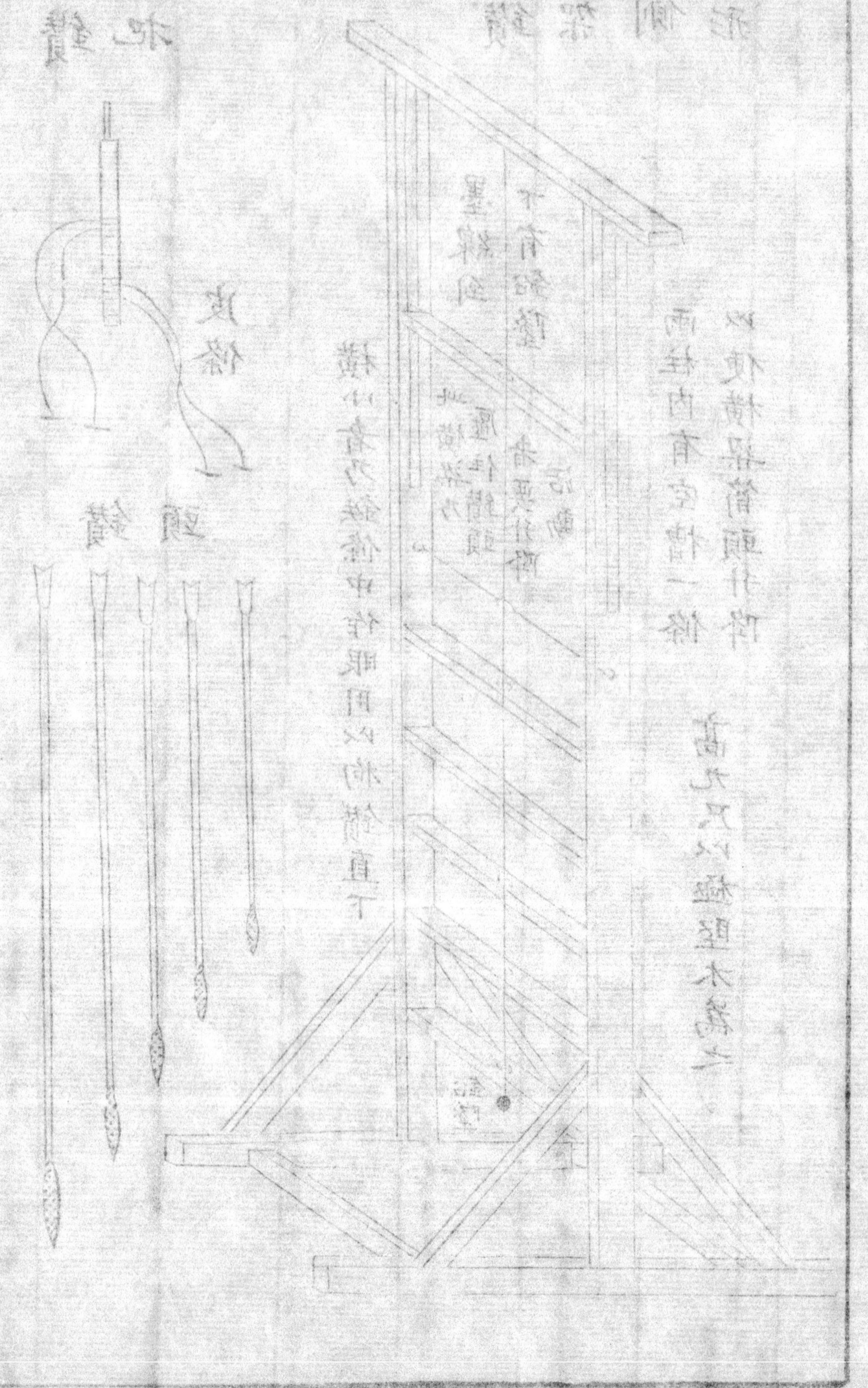

鑽筒圖

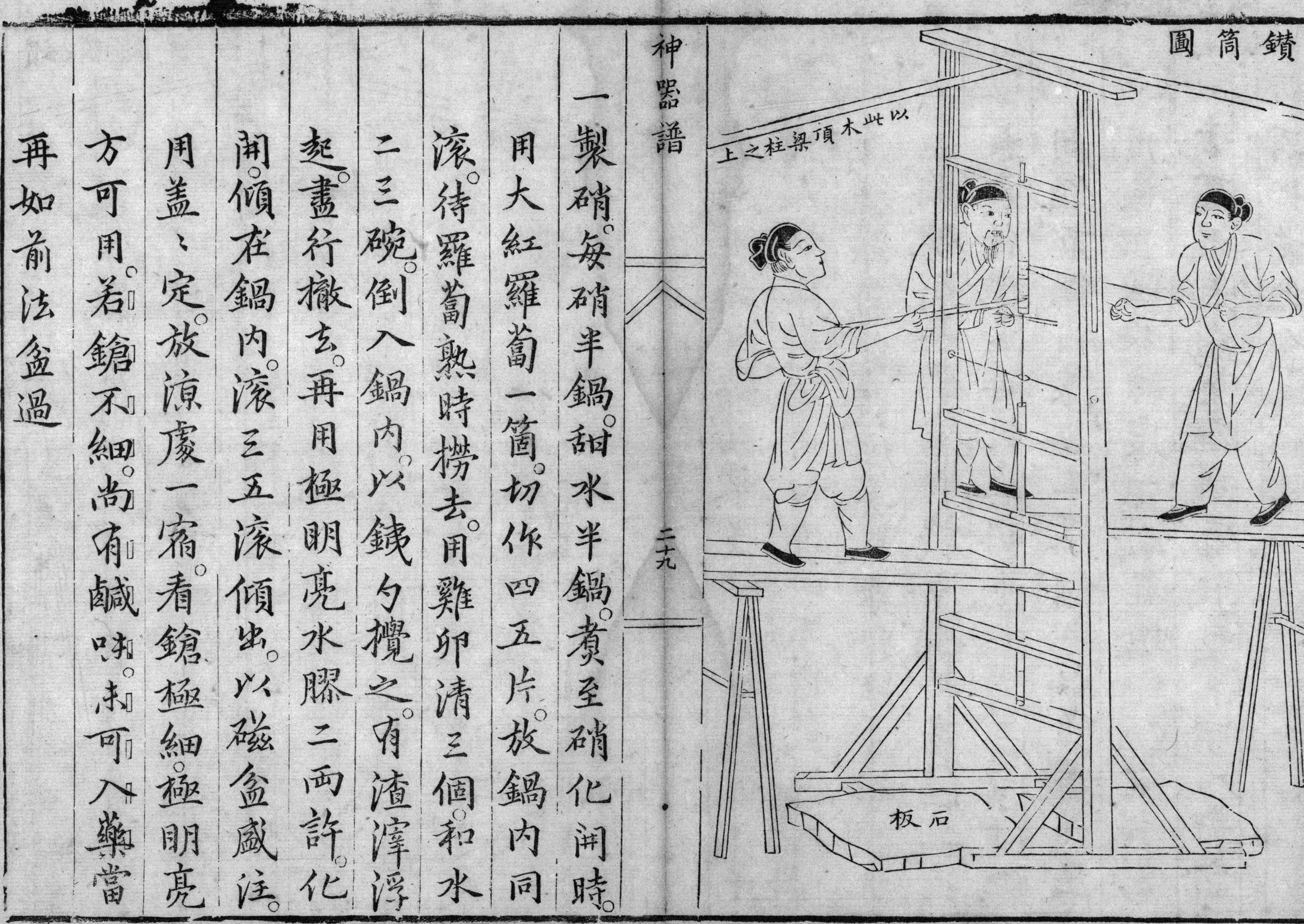

一製硝。每硝半鍋。甜水半鍋。煮至硝化開時。用大紅羅蔔一箇。切作四五片。放鍋內同滚。待羅蔔熟時撈去。用雞卯清三個和水二三碗。倒入鍋內。以鏟勺攪之。有渣滓浮起。盡行撤去。再用極明亮水膠二两許。化開。傾在鍋內。滚三五滚傾出。以磁盆盛注。用盖〻定。放涼處一宿。看鎗極細極明亮方可用。若鎗不細。尚有鹹味。未可入藥。當再如前法盆過

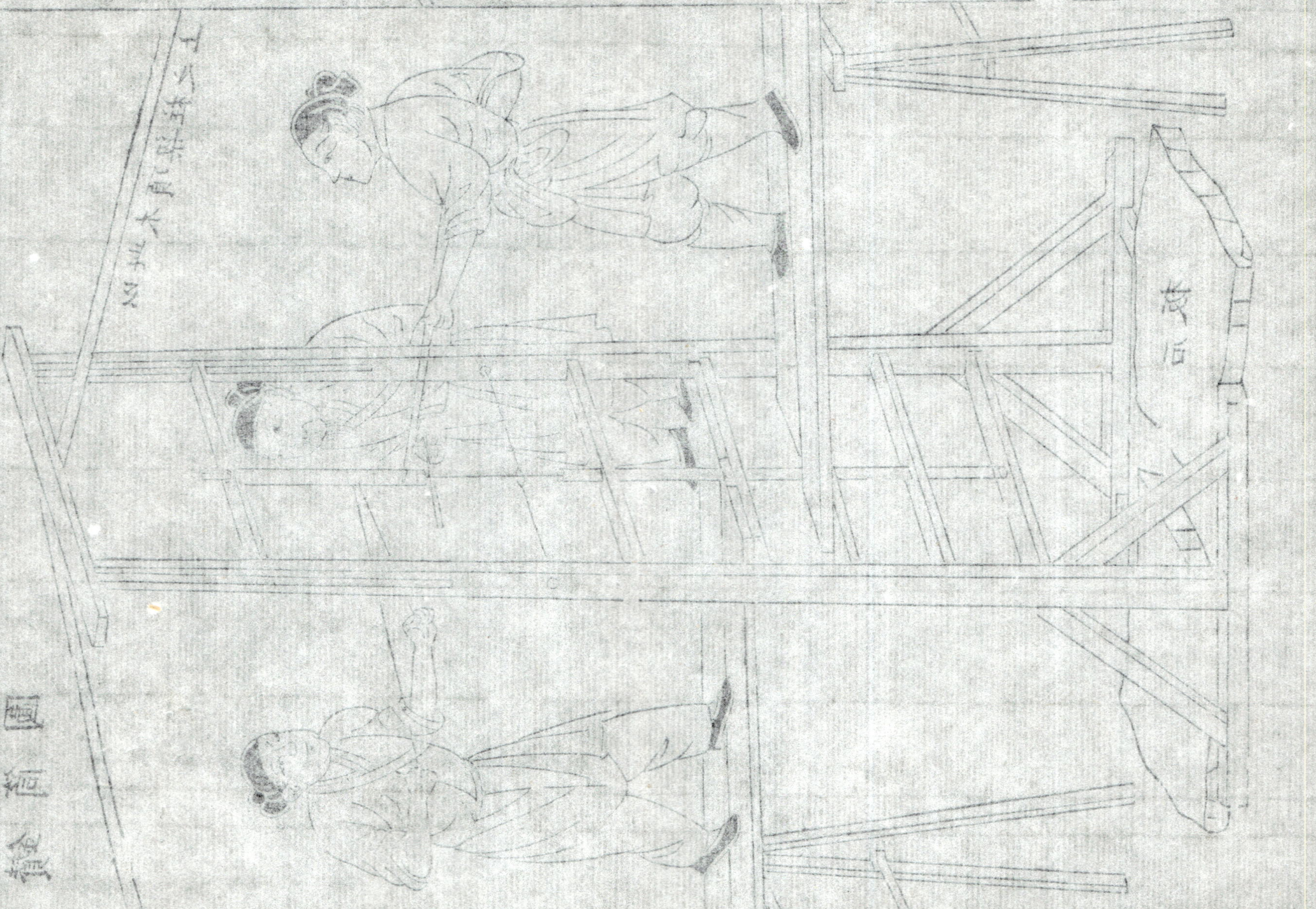

[illegible]

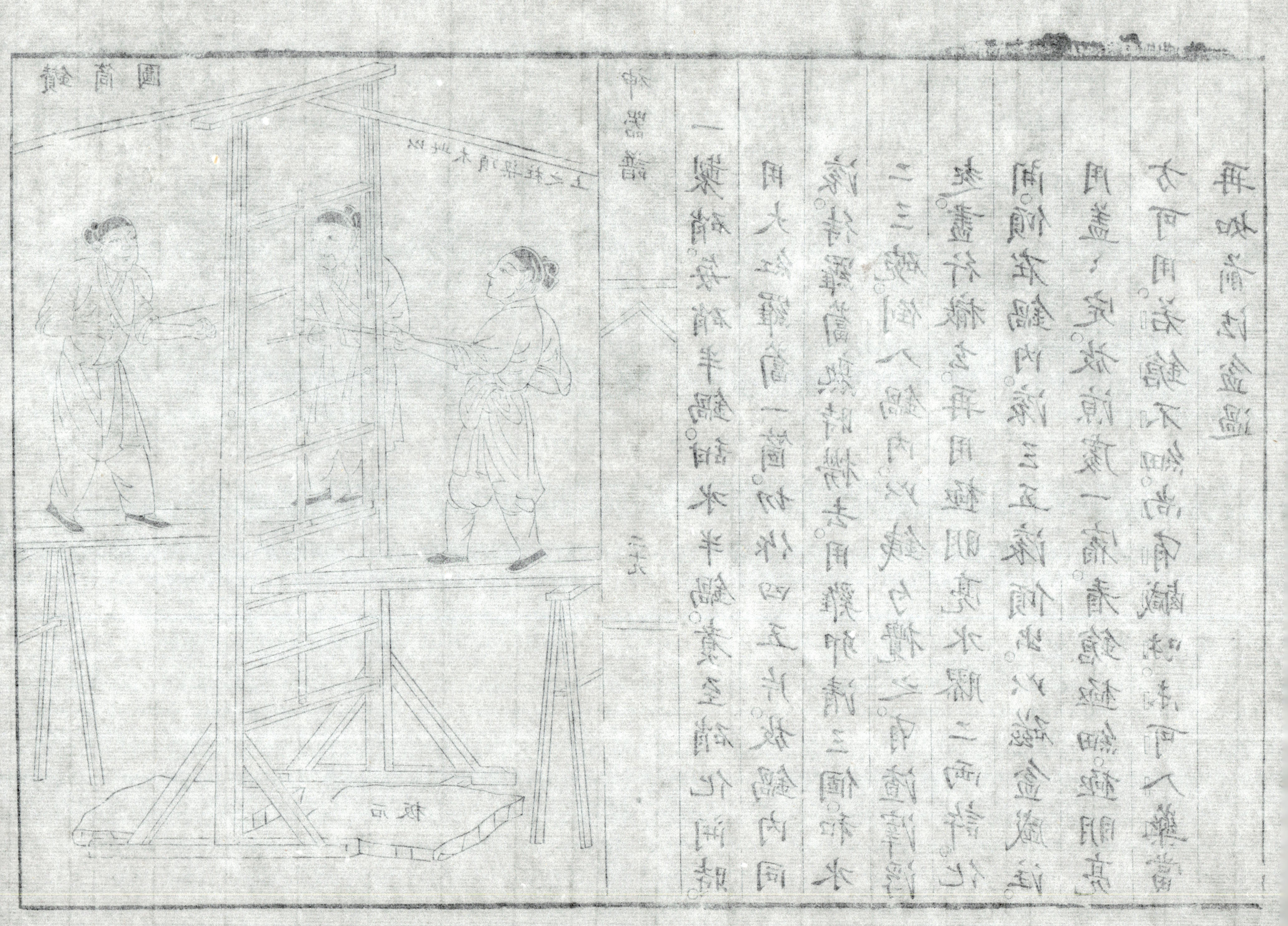

一炭灰須用柳條如筆管大者。去皮去節。取
其理直者。用以燒灰入藥為上。南方柳木
甚少。用茄桿灰。蒿灰。瓢灰。杉木灰。以代柳
木。時流不詳其故。遂以四種勝於柳炭。殊
不知草木之中。惟榆。柳。桑。柘。諸木火性更
旺。諸木之中。又惟柳木枝幹直上。火性直
走。餘皆枝幹曲折。文理從橫。且質堅炭硬。
火性不甚輕便。是以古人不取。惟取柳木。
柳條尚須去皮與節。皮則煙多。節能迸炸。

攻盡去之。以此而觀。古法豈可輕改。杉木
火力雖弱。其理尚直。其餘俱不可用。然尤
可笑者。執稱茄桿瓢灰。放時不響。夫神器
之用。專在殺人。亦不在響與不響之間。止
宜仍用柳條。取其火性直走。能送鉛彈足
矣。不能催彈。不響又何益於神器哉。北方
麻稭灰甚輕。但可入發藥。若作筒藥無力。
一熿去下沾黑色。庶研極細為度
一製藥。每硝十兩。灰一兩五錢。熿五錢。將三

種研極細末。用水噴半乾半濕。放木臼內。
用杵着力狠搗。若乾去。再用水噴濕搗至
一萬杵。取出放在手心內燃之。火燃手心
不覺者。方可用。若覺火熱。如前法再搗藥
可用。將藥用水。或燒酒和搗作劑。晒乾。再
搗碎。用密[illegible]竹篩。過。上粗大者不用。下
細者不用。止取如粟米一般者入銃。其大
小者再如法製造。蓋銃筒甚長。細則下藥
之時。盡粘筒上。不得到底。太粗藥又不實。

大緊熿欲快發火。炭欲作力。硝取噴送致
遠。全要精細。粗心為之。必致傷銃。
一鉛彈全要合銃口。用模鑄出。放滾漕內滾
過。極圓方可用
一銃筒用久。火门眼必為藥氣噴大。則不
惟洩氣致殺前行火力。更恐從眼迸炸。須
旦時磋去根頭七八寸。重接一段。其鑽法
安火门與前同
一藥鬣用白藤編成者更妙。嚕蜜銃本身沉

[illegible]

重。用藤減去分兩。似足少節軍士之力。然
内必須灰漆防藥漏出。外必須漆過。以備
雨水滲入。方為盡制
一銃床必要木理正直。方可用。若用久歪斜。
必須換過。不換。放時振動。銃筒畢竟搖撼。
因之不準。又必須漆過。雨水不致滲壞
一螺螄底。倘壞。不知筒内淺深長短。將筒内
先用墨塗濕。以硬紙一片。捲作小筒。入銃
後門。所捲紙撤開。再用圓棍砑之。即可印

出筒中旋形。然後照樣磋成。補入
一北兵不耐煩劇。執稱快鎗三眼銃便利過
於鳥銃。教場中打把。鳥銃命中。十倍快鎗。
五倍弓矢。猶自不服。此戚少保語也。近見
為將者。不惟北地諸君鮮有留心於此。即
南人亦覺寥寥。究其所以。皆緣罔知為
國。無心滅賊。目循歲月。僥倖功名之流。充滿
戎行。何可語此。又何能知此。若夫豪傑之
士。自有真見。將官銃意為之。多方激勸。信

中自有真見解何處覓若以此為要論
攻者何謂是人何等者是若夫世俗者以
圖無心故曰復還風儀肆旨勿尤然聽
南人亦覺察究其所以旨懸國名者
為要者不準其語括毒有貪心於其中
乞諸不久痛白不服其處少保語且近見
亦包藥救傳中打包藥命中十皆其下擾
一共來不合凶編三蘇辨天護三月擾傳相過
出編中發行淡以濟發藥人

後門有機變衡平圖證發以可己
兆困還金線以便尋風一升修淨下漏人據
一躁痛向語蠱以求語也改疾取致語也
因以不準又必須除過而不使發擾
必須換過不換救病動錯而畢竟語據
一錢或必要本理正直可用治日又金錢
而水淨入方藥盡
內必須亦除合藥漏其外必須除過以補
重用藥激古今有改以之夕重十以方發

賞必罰。士卒焉有不肯服習之理

一鳥銃車上。舟中步下。爲利近日有創爲馬上打放之說。夫鳥銃燃火。全仗門藥。門藥馬跑時。即壯人慣騎。不爲顛撒。定然被風吹去。何從舉火。此不知神器淺深之言。若三眼銃。并新製迅雷差可。原用藥線。而放畢又當兵器。至於命中殺敵。則我不知矣

一神器附之車間。功用甚大。車憑神器以彰威。神器倚車而更準。或鼓行而前。或嚴陣

待敵。或趨利遠道。或露宿曠野。堅壁。連營治力。治氣。無不宜之。譬如車上。安佛郎機

一位。小銃數門。若敵結陣而來。二三里間。以佛郎機擊之。勢必星散。然後用嚕密鳥銃。出陣零打于三四百步之外。再近。以掣電。迅雷。連發車內。是此運用。則數里之中敵之兇鋒已挫其半。我之殺手全然不勞。力完氣定。而又有車爲之前拒。虜馬未必即能蹂踏而來。倭傈未必即能跳躍而進。

車零四百□□□之里，□車須□車□車須藥□。
一輪不能致遠，其半涂之□不能□車土□車須。
三□□□□器□□□□□□□□，□車間甚大，車數軸器以運。
一軸器□□車遠行□□□□軸，□□□□□□□□□□。

〈 車□譜 卅二 〉

□□□□□□□□□□□□□□□□□□□□
一□車土□□□□□□□□□□□一□
□□□□□□□□□□□□□□□□□□□□
□□□□□□□□□□□□□□□□□□□□
□□□□□□□□□□□□□□□□□□□□□

求戰不得。其氣必渙。俟其氣惰。我乃開壁用短兵與弓矢。翼其神器而出。此平原必勝之法也。然斯語無當於時。安得起孫吳廉李。韓彭英衛諸君於九地之下。與之鼓掌劇談。以快此衷哉佛郎機須用國初舊製。七八尺長者方狠。近製不可用

一神器南方用之舟中益利。緣有憑藉。心膽俱定耳。爲將者步下亦能設法。使士卒如處舟中。則制敵無難矣

一林木茂密。丘陵崎嶇。田塍淤濘。村路委曲。

必須短兵護持。挨牌翼衛。與弓矢迭相爲用。無弓矢。則神器手自相犄角。更翻策應。因時制宜。隨地作用。庶幾萬全。前歲遼左降倭二十餘人。用銃殺虜數十。次日再出。虜覺其無應援。蜂擁而來。損傷强半。非此輩前勇後怯。鳥銃先利後鈍。皆緣主帥素昔不解神器之用。全無方略。使然耳。文武將吏。用兵用器。畢竟先明奇正之法。處於不敗之地。然後可以言戰。可以滅賊。今當

不畏以其無藥可以言變何以變令當
務更由共用器畢竟無間者亘以火藥發者
皆不能神器以自全無大略令策百交矣
軍前鐵以未見銳光利輸鐵當欲語書
廣覽其乘而發禦而來未能人攤半並定
稱二十餘人因鐵發兩藥十次曰再效
回時制宜隨勢作用而變萬全盡發道方
而兼之宋則神器自相補角更翻榮處
必須兵論持擇異衛與之要法共佃

神器譜

一森木銃所以蒙衝田藏宜沁佈各沒由
衝舟中則遠緩敵與禦寇
須敵更為遠者乃下亦當窺敵近者中
一神器南方用之舟中並利敵在艦之中
顯諸以火東勢 有方可照依古圖編 兼而用之尤為妙也
專轉鍊與衛鍊在行乃可之下與之敗當
以火奇然銳器有備亦要有狀乘異敵
面顯其興如未可具器若亦其年用攻機
宋敵不得其亂文衆義其氣發乃盡寡

事者居常絶口練兵反笑繕器合戰之時
任其以卒予敵然後掠民作級掩敗為功
自謂天下之能事畢矣又何能用神器又
安知辱
國損威釀不戰之禍致遺賊於
君父哉
一每銃五门於銃手五人之中擇一膽大有
氣力者專管打放令四人在後裝飽時常
服習若平原曠野之間去敵二三百步辟

如一軍五千人內有大砲數位鳥銃五百
門先以大砲振揚軍威然後用鳥銃百門
佐以弓矢火箭陸續彈射縱有數萬賊徒
未必便敢衝突若遠道趨利未擇戰場或
倉卒遇敵還難成列而又無車以為前拒
尤宜依此法運用使三軍之士得以整頓
隊伍稍治其氣從容接戰否則敵必乘我
之亂擊我未定易而險之亂而安之反客
為主轉勞為逸非此不可

一五人打放。若神器多。即揀銃筒受藥一般
鉛彈合口一般者。作一隊。庶幾臨陣裝藥。
及打放。不致差錯。銃少。將銃與罐各明白
記號分數。并銃偏正。遞銃之時。雖倉卒之
間。定要掐呼一聲。偏左。偏右。及藥重輕
一銃成之時。先將鉛彈試口大小。口容鉛彈
一錢。用藥一錢。彈重則隨彈加藥分數。臨
陣要狠。彈重一錢。加藥二分。銃筒堅厚。是
木炭打成者。即加三着藥無妨

一放銃干繫甚大。切不宜托不同心人。并未
經打放之輩裝飽。若不得已有別人裝來
者。須用捌杖試探停妥。多則將前多裝分
數藥傾出。只壞銃筒。尚是小事。兩傍人。及
自己性命。豈可輕忽
一古昔驍將。或單騎挑戰。或以身殿後。所向
披靡。萬人辟易者。以當時無鳥銃。弓矢不
能洞其重鎧耳。既有鳥銃。士卒又加服習。
即有烏獲之力。可能當此三錢一丸耶

一古人火攻之法。上順天時。下因地理。有一
不宜。不敢還用。即用矣。猶虞風候中改。反
致自戕。惟鳥銃。佛郎機。但得常常教演。使
士卒技精。任其險地。易地。風候不順。俱可
舉放。即陰雨之時。尚可設法制敵。所患者
文武將吏。居常不肯經心。臨時又乏妙用。
則難而難矣。兵精無器。等於白徒。器精無
兵。同於朽鈍。陣而後戰。兵家之常。運用之
妙。存乎一心。旨哉斯言。勿謂常語

一鳥銃。不惟攻城。陷陣。制遠。摧堅。鋒不可當。
即閒時較獵。騤飛。角技破的。亦甚足快人
意。然不同弓矢。載之經傳。見之歌詠。無貴
無賤。罔弗知之。只緣近日方出。將吏之間。
沉毅才略之士。則私之以為一己建樹之
具。鹵莽淺識之夫。復極口訾其不便。夫知
之者。既深藏固祕。莫肯揄揚。不知者。又加
詆毀。遂令行伍之間。自百夫長已上。俱各
右弓矢而遺神器。目為賤事。不屑專業。殊

不知鳥銃收功。百倍短兵。十倍弓矢。業專
則精。服久自便。今日軍旅之間。誠能不問
貴賤。專心致志。俱學打放。州縣有司。更宜
設法鼓舞。村落富人。首令除以禦暴民快
弓兵。亦各責之服習。一如北地之親弓矢。
南中之用弩箭。此風一暢。我武維揚。萬一
有警。便可驅市人乘城而守。即使制挺。亦
可掖以赴敵。何致仰給征調。虞兵後期。寠
餉不足。紛紛勞擾。上糜帑藏。下困民生。斯

語頗覺迂緩。實建威銷萌之一大機括。凡有
軍旅民社之寄者。不可不為
國加意於茲焉

茲編竣事。客有謂楨曰。伎倆止尔。遼豕黔驢。人將笑之。
楨曰不然。倭中長兵。未聞有兩只。以器精。兼之服習。便
可制人。今日政患其多。戰陣間不能盡用耳。兵貴精不
貴多。亦曾有解於心否。仲升平平。畢竟何似。不笑不足
以為道。楨審之熟矣。先生請質之丈人長子

神器譜　終